绿典之路

“绿典之路”丛书编委会

各国环境法典译丛

独联体生态示范法典

刘洪岩　马　鑫　译/校

爱沙尼亚环境法典（总则）

张忠利　译　　张忠利　石统义　校

法律出版社
LAW PRESS · CHINA
——北　京——

图书在版编目(CIP)数据

独联体生态示范法典. 爱沙尼亚环境法典. 总则 / 刘洪岩, 马鑫, 张忠利译. -- 北京 : 法律出版社, 2022
ISBN 978 - 7 - 5197 - 5837 - 0

Ⅰ. ①独… Ⅱ. ①刘… ②马… ③张… Ⅲ. ①环境保护法—法典—爱沙尼亚 Ⅳ. ①D951.162.6

中国版本图书馆 CIP 数据核字(2021)第 163210 号

独联体生态示范法典·
爱沙尼亚环境法典(总则)
DULIANTI SHENGTAI SHIFAN FADIAN·
AISHANIYA HUANJING FADIAN(ZONGZE)

刘洪岩 马 鑫 张忠利 译

责任编辑 吴 昉
装帧设计 凌点工作室

出版发行 法律出版社
编辑统筹 法律教育出版分社
责任校对 王晓萍 王语童
责任印制 刘晓伟
经 销 新华书店

开本 710 毫米×1000 毫米 1/16
印张 12 字数 232 千
版本 2022 年 1 月第 1 版
印次 2022 年 1 月第 1 次印刷
印刷 北京盛通印刷股份有限公司

地址:北京市丰台区莲花池西里 7 号(100073)
网址:www.lawpress.com.cn
投稿邮箱:info@lawpress.com.cn
举报盗版邮箱:jbwq@lawpress.com.cn

销售电话:010 - 83938349
客服电话:010 - 83938350
咨询电话:010 - 63939796

书号:ISBN 978 - 7 - 5197 - 5837 - 0
定价:45.00 元
凡购买本社图书,如有印装错误,我社负责退换。电话:010 - 83938349

感谢以下单位为“各国环境法典译丛”提供的大力支持!

中国法学会
阿里巴巴公益基金会
北京大学教育基金会

标示“绿典”之路（代总序）

对法律人而言，“法典”似乎是一个不可抵挡的诱惑。在我的阅读范围内，什么是法典，没有答案；但我知道，法典化是学术与实践紧密结合的过程，法学理论是法典的基础，法典是法学理论的规范性表达，没有法学和法学家，就没有法典！正因为有法学和法学家的存在，世界上从来不缺少推动法典化的力量，也未消失过反对的声音。不可否认，法典化运动是近代以来一个普遍的法律现象，在法典的制定上，法学家发挥着不可替代的作用。

十二表法是法典，抑或民法大全是法典？真的很难回答。在最宽泛的意义上，法典是一种成文的法律作品，主要是对某一法律领域最根本的原则和基础性的规范作出规定。法典是整体的、系统的，不是单一的法律，也不是对多部法律的简单汇编；法典是科学系统编纂的成果，是对法学和法律的提炼和结合，需要由法学家和法律家共同参与才能完成。法典化作为一种理想的立法模式和方法，各类法律不断地完善、补充以及体系化，最终都是以制定法典作为目标的。

即便如此，环境法人对环境法典依然有太多的疑问。从形式上看，大陆法系的一些国家制定了环境法典，更多国家没有环境法典；有的国家环境法律冠有“法典”之名，但学者们却认为其不是一部法典；有的国家环境法典连续多达数本，有的国家环境法典只有可怜的几十条。从内容上看，不同国家的环境法典更是千差万别，与具有基本相同体例的各国民法典相比,简直是“冰火两重天”。从法典化的过程看,有的国家经过三十多年的争论,多次启动环境法典制定,始终不得其果;有的国家几乎还没有开始环境保护,就在国外专家的帮助下,出台了环境法典;还有的国家环境法典已经制定完成,却因为种种原因不能或者不敢颁行……到底什么时候需要环境法典?环境法典是社会变革的必然结果吗?特定的个人或政治家对环境法典有怎样的作用?应如何认识环境法典与环境法学的关系?剪不断、理还乱,直叫人爱也法典,恨也法典!

在中国,环境法典同样是环境法人的不变“初心”,也始终走在坎坷崎岖的道路上。20 世纪 70 年代,中国环境保护立法起步之始,就设定了法典化目标。1979 年,在时任国务院环境保护领导小组副组长李超伯代表国务院向全国人大常委会所作的《关于〈中华人民共和国环境保护法(草案)〉的说明》中,就明确指出这部法律主要是规定国家在环境保护方面的基本方针和基本政策,应成为环境保护领域的基本法。虽然这部法律因种种原因以《中华人民共和国环境保护法(试行)》的方式颁布,但以基本法为龙头、单行法为骨干的环境立法体系一直延续至今,“体系化”这个法典的核心要素始终存在。在环境法理论研究中,法典化是一个永恒的课题,三十多年的中国环境法发展史上,不断有学者推出有价值的环境法典研究成果。2011 年年底,全国人大常委会讨论启动《环境保护法》的修订时,将修订后的《环境保护法》作为环境法典总则加以考虑并为进行环境法典编纂奠定基础的建议再次提出,遗憾的是没有得到采纳。2014 年,十二届全国人大常委会第八次会议审议通过的《环境保护法修订案》只是进一步明确了其在环境保护领域的综合法定位。在学者们看来,这是《环境保护法》地位的提升,但由此带来的立法实践“困扰”日显,随着《大气污染防治法》《海洋环境保护法》《水污染防治法》等环境保护单行法修订工作的展开,如何处理与《环境保护法》的关系,成为一个现实的问题。或者高度重复立法或者法律支离破碎的困境,使立法者开始关注并思考环境法典编纂的必要性及可行性;人大代表、政协委员关于环境法典编纂的议案、建议逐渐增多,将编纂环境法典纳入十三届全国人大常委会立法计划的呼声也日益高涨。

不得不承认,我们这一辈环境法人赶上了好时代！过去四十年经济社会高速发展所积累的生态环境问题成为制约中国未来的“瓶颈”达至社会共识,用法治手段推进生态文明建设、打赢污染防治攻坚战的举措彰显坚定的政治意志,中国自己的立法、执法、司法经验和理论成果奠定了环境法体系化、整体化的基础。种种现象表明,展开法典化研究和推进环境法典编纂的一些必要条件已经具备;但是,这些客观现实均不能构成中国必须编纂环境法典的充分理由。中国是否需要环境法典,是否存在环境法典的替代方案？如果我们认为中国应该有环境法典,也必须回答中国需要怎样的环境法典、如何构建适应环境法典需求的环境法知识体系、如何在现有环境立法与资源立法的基础上进行建构、如何处理环境法典与民法典等传统法典的关系……别有滋味在心头,真让人喜也法典,忧也法典!

一个时代的学者有一个时代的使命,回答环境法典编纂的基本理论问题,是今天的中国环境法学者必须直面的时代课题。这需要学者们有时不我待的担当和舍我其谁的勇气,以严肃的学术态度、坚毅的学术精神、科学的学术方法、理性的学术论证,提出能够让立法决策者接受、让社会接受的成果。至于最后的结论,无论是圆梦环境法典还是梦碎环境法典,都具有同等的非凡价值。我们要做的,仅仅是忠实记录所走过的道路,并留下一个又一个路标,昭示后来人。

在我的心目中,“绿典之路”丛书就是这样一个树立路标的系统工程。之所以将环境法典称为“绿典”,是希望为我们的路标涂上最鲜明的底色,为每个行路人提供更高辨识度。面对可能前行、可能转折、可能返回的环境法典之路,希望既提供国外先行者的路线图,鼓励研究参照系、重走经典线,为可行或不可行之路插上绿色路标;也总结中国的经验,鼓励漫漫长路上下求索,逢山开路、遇水搭桥,为开辟康庄大道设定绿色标识。为此,“绿典之路”丛书设计了“各国环境法典译丛”“外国环境法典研究文丛”“中国环境法典研究文丛”“环境法典相关研究文丛”等若干子系列,从构建环境法典研究“生态系统”的角度,探索环境法典化的“生态平衡”。出现在“绿典之路”上的每一本论著,都应该既有独立的功能与作用,也能为提升生态系统的服务能力贡献智慧与力量。

我知道,任何国家制定法典,都有很多既偶然又必然的因素发挥作用,结果不可预测。在中国,环境法典的出台,也许很快,也许很慢,甚至慢到我们这一代人都无缘相见。但是,我更明白,学者对法典的追求,从来不是以被命名为法典的某个法律文件为直接目的。在法典化的进程中,创新和创造环境法知识体系、合理解释环境法社会现象、准确把握环境法运行规律、教授和传承环境法思维方式、巩固和提升环境法学术品质,都是学者为环境法典所做的准备和贡献。因此,“绿典之路”丛书是否可以在当下直接为中国环境法典编纂做出贡献,可遇而不可求。但是,记录环境法学的思维过程,记载环境法学人的心路历程,记忆环境法学科的品格养成,为后人标示中国环境法典化之路,一定可以实现。

2014 年的今天,全国人大常委会高票通过《环境保护法修订案》,这部“长出了牙齿”的法律,凝聚了几代环境法人的心血,是环境法理论成果与立法决策的有机结合,值得环境法人骄傲和自豪!2018 年春天,我们托起心中的向往,满怀信心再出发!期待在“绿典之路”上,环境法学者不断成长,环境法成果不断涌现,环境法学科不断完善,环境法品格不断成熟!

吕忠梅

2018 年 4 月 24 日

于北京太平桥大街 23 号

目　录

独联体生态示范法典

分 则

爱沙尼亚环境法典(总则)

独联体生态示范法典

刘洪岩　马　鑫　译

译者序

独立国家联合体简称独联体,由苏联加盟共和国中除波罗的海三国(立陶宛、拉脱维亚、爱沙尼亚)之外的12个加盟共和国组成。2005年,土库曼斯坦从会员国变为联系国;2009年,格鲁吉亚因格俄武装冲突退出独联体;2018年,乌克兰退出独联体。截至目前,独联体共有9个成员国。独联体既不是国家,也不是超国家实体,不享有凌驾于国家之上的权力,仅仅是从苏联独立出来的主权国家之间避免冲突和加强合作的协调组织,总部位于白俄罗斯首都明斯克。独联体是迄今为止幅员最大的国家集团,总面积达2166.44万平方千米,占世界陆地面积的1/6,是另一个国家集团——欧盟面积的7倍之多。独联体成员国自然资源丰富,生态结构类型化和区域性特点突出,对自然资源保护和全球环境改善贡献巨大。

一、《独联体生态示范法典》的立法背景及进程

生态保护的全球性的特征和生态结构区域性的特点决定了独联休国家制定统一的生态示范法典的必要性。苏联时期,由于该地区作为统一的国家存在,在生态、环境、自然客体及人类生命健康保护和质量提升方面具有统一性的国家立法保障。苏联解体后,这种生态、环境、资源与人体健康一体保护的立法结构被打破,各个独立国家之间为争夺领土、资源和环境的局部冲突不断(如阿塞拜疆与亚美尼亚围绕纳戈尔诺—卡拉巴赫地区的争夺、摩尔多瓦与要求独立的德涅斯特河沿岸地区的武装冲突、格鲁吉亚对南奥塞梯和阿布哈兹地区的武装冲突等)。在此情境下,制定一部遵循自然规律和环境容量限度、安全和可持续利用自然资源、互利合

作应对区域环境问题和平等协商解决自然资源利用争端及共同维护区域生态安全的生态示范法典，对独联体各个成员国显得尤为必要。

1991年12月8日，独联体成员国签署了《关于建立独联体协议的议定书》，确立了各成员国在环境保护领域的合作基本框架和协调机制，构成了独联体国家制定统一的《独联体生态示范法典》的法律基础。根据该议定书第7条规定，参与建立一个全面综合的国际环境安全体系属于独联体各成员国在平等基础上、通过协商机制开展联合活动的领域。《独联体生态示范法典》不仅对其各成员国生态立法工作具有举足轻重的指导性作用，在经济全球化和区域经济一体化快速发展的当下，更是解决区域间生态问题的立法典范。《独联体生态示范法典》的编纂工作由独联体成员国国家间议会大会主导和负责。截至目前，在环境保护、自然资源利用制度、国家生态标准过渡机制等方面，独联体成员国国家间议会大会通过了20余项示范立法。

《独联体生态示范法典》的编纂历程可分为两个阶段：第一阶段（2005年以前），独联体成员国国家间议会大会的系统化立法活动主要致力于将独联体成员国中涉及同类的资源利用社会关系、环境保护社会关系及其他生态法律关系的法律规制进行趋同化整合。例如，颁布了《独联体地下资源和地下资源利用示范法典》《独联体森林法典》《独联体土地法典》《关于生态安全示范法》《关于生态保险示范法》《关于生态信息准入示范法》等。第二阶段，独联体成员国国家间议会大会为完善成员国在内国法一体化和趋同化领域的合作，规范和完善示范法立法活动，制定立法规划，提高示范法立法的科学水平，2005年4月14日，独联体成员国国家间议会大会通过了《2005年至2010年独联体国家立法示范法和趋同化的前瞻性计划》，依照该计划，制定了《独联体水法典》《公民遭受辐射污染和核试验的社会保护法》《生产和消费废弃物法》《生物安全法》等。在制定上述大量环境保护和合理使用自然资源示范立法的基础上，独联体启动了生态示范法典的编纂工作，分别于2006年和2007年对总则部分和分则部分进行了系统化和体系化编纂。依据《独联体生态示范法典》的原则及体例，独联体成员国哈萨克斯坦共和国已编纂并颁布了

《哈萨克斯坦共和国生态法典》,而白俄罗斯、俄罗斯也据此编纂了本国的生态示范法典,正积极推动本国议会的审议和通过。

二、《独联体生态示范法典》的体例和主要内容

《独联体生态示范法典》体例结构上分为两编、28 章、135 条。该法典开篇明义,法典用以调整自然资源使用领域、环境保护和生态安全保障领域的生态法律关系,明确了各国家权力机关和国家行政区划的主体国家权力机关在生态领域的职权、自然人和法人在生态领域的权利和义务以及违法责任。该法典将三组密不可分的社会关系确立为生态示范法典规制客体:(1)环境保护领域的社会关系;(2)人类生态安全保障领域的关系;(3)自然资源保护、合理利用和再生领域的社会关系。

(一)第一编:总则部分

总则部分由 12 章 58 条组成,主要规定了如下内容:

1. 基本概念术语的解释。法典对涉及生态领域的重要概念和术语进行了系统化梳理和解释,且提出了一系列新的概念(第一章第 1 条)。

2. 立法原则的体系化。法典将分散在诸多独联体成员国生态示范立法中的原则进行归纳和总结,使之更加体系化(第二章第 2 条)。

3. 法典的适用范围以及与其他法律部门法、成员国法和国际条约的关系。法典的第二章第 3 ~4 条规定了法典的适用范围、法典和其他部门法之间的关系;第 5 ~9 条确定了生态关系客体、主体、时间和空间效力以及国家生态政策的基本方向、独联体各成员国国内生态立法与国际条约相关规则的优先适用关系。

4. 生态保护的国家义务及社会权利。法典主要对生态领域国家机关的职能进行划分(第三章),对公民、社会组织、社会运动、政党和其他非营利组织在生态领域的权利和义务作出了明确规定(第四章)。

5. 生态保护的国家规划及制定程序。法典规定了制定有关合理利用自然资源、保护环境和生态安全保障的国家规划及其制定程序。规定各成员国应根据基础及应用科学研究需要,制定本国的生态安全、社会经济可持续发展规划。所从事的经济活动和其他社会活动可能对环境、人类

健康造成损害和对生态安全构成威胁的法人也应当规划、制定和落实生态安全保障措施(第五章)。

6. 生态标准、生态许可、生态要求、环境影响评价及生态鉴定等制度。法典规定了生态标准制度和生态许可制度(第六章),分别对实施经济活动和其他社会活动的秩序作出要求,规定在制定有关建设、改建、封存、清除不同经济活动和社会活动客体的项目以及在建设、投入使用和停止使用该客体时应当遵守的生态要求(第七章)。同时,法典规定了环境影响评价制度和生态鉴定的目的、适用范围及其原则(第八章);对生态监督的任务和类型(国家生态监督、生产生态监督、社会生态监督)进行了规定,并分别对三种类型的生态监督实施者的权力和义务以及其监督结果的效力作出了规定(第九章)。

7. 生态保护的经济手段和科学研究。法典对生态安全保护的经济机制、促进经济活动和其他社会活动生态化的经济手段进行了规定,确立了生态审计制度和生态保险制度的具体内容(第十章)。同时,法典鼓励在环境保护和生态安全保障领域开展科学研究活动(第十一章)。

8. 开展生态文化教育。法典还专章对生态文化、生态启蒙体系的构建、法律规制原则、相关专家和组织负责人的培养进行了规定(第十二章),成为该法典的重大特色之一。

(二)第二编:分则部分

分则部分由16章77条组成,具体内容如下:

1. 基本概念的补充及生态安全特殊保护领域的基本要求。法典分则对在该法典中使用的基本概念做了补充。对从事以下活动时应当遵守的环境保护和生态安全保障要求作出了规定:(1)生产、处置和利用危险化学物质;(2)在农业和林业中使用化学物质;(3)生产、处理和利用危险生物物质和物品;(4)放射性物质和核材料利用;(5)造成物理性不良影响。同时,法典规定在规制气味影响领域应当遵守环境安全标准的要求,并要求独联体成员国按照统一原则对危险化学物质和生物物质实行国家注册和审计(第十三章)。

2. 环境监测及自然客体保护。法典确立了国家环境监测制度(第十四章),又分别规定了土地资源、地下资源、地表水、空气、气候、大气臭氧层和近地宇宙空间、森林和其他植物、动物界免受不良影响的法律保护制度(第十五章至第十八章,第二十二、二十三、二十四章)。

3. 环境保护和生态安全保障领域的技术规制及环境许可证。法典对环境保护和生态安全保障领域的技术规制进行了规定,确立了规则的目的和原则、标准、规范程序、生态标志和国际标准的采用(第十九章)。同时,法典对环境影响综合许可制度进行了规定,规定应向自然资源使用者颁发综合许可证,其中包括根据最佳可行技术确定的向环境排放和排泄污染物质、废弃物形成和能源消耗的标准以及技术标准;对正处于自然保护措施开展阶段的自然资源使用者实施向环境排放和排泄污染物质、废弃物形成和能源消耗的限额制度,并对限额制度的有效期和履行条件作出了严格规定(第二十章)。

4. 生态税及自然客体的特别保护。法典规定了环境影响付费制度,包括生态税制度(第二十一章)。对处于特殊保护制度下的自然客体的保护措施、划分标准、保护制度、濒危动植物和其他生物体的保护作出了规定(第二十五章)。

5. 生态法律责任。法典规定了预防和制止生态违法和生态犯罪的法律保障制度,通过列举方式,对生态违法和生态犯罪进行了明确界定,并规定了造成环境损害应当承担的责任类型、生态损害赔偿制度和生态纠纷解决机制(第二十六章)。

6. 生态保护的国家间及国际合作。法典对生态领域的国际合作原则和国际环境公约、条约与独联体成员国生态立法的适用关系以及生态领域的国际条约在独联体成员国生效的程序进行了规定(第二十七章)。同时确立了本法典的法律地位和生效时间(第二十八章)。

三、《独联体生态示范法典》的特点及启示

《独联体生态示范法典》具有如下特点及值得借鉴之处:

1. 法律术语解释精准,在立法技术层面避免了法律适用上的冲突。生态立法中涉及大量的科学和技术术语,如何将这类专业术语转化为法

律语言,是避免法律适用过程中由于立法技术问题产生歧义和冲突之根本。该法典开篇明确定义了相关技术术语的法律内涵,从根本上避免法律解释与法律实施上的冲突。

2. 通过周密的系统梳理、提炼和整合,该法典体例结构系统化和体系化突出。该法典是基于独联体成员国在环境保护领域各单行示范法的成果而系统梳理、提炼和整合统编而成,不仅解决了各单行示范法之间互相冲突、法律适用不明等问题,而且对各加盟共和国的生态立法发挥着重要的示范和指导作用。因此,在内容方面,该法典更加注重选择法律规范的体系化和系统化、各项制度的原则和要求的协调性以及概括和提炼各项制度的核心理念,从而避免编纂体例结构上的顾此失彼。

3. 关注生态立法与其他部门法之间的衔接与协同。该法典在调整相关生态法律关系时,充分关注与其他法律部门如民法、财政法、金融法、刑法、行政法等规定上的协同与衔接,从根本上避免了不同法律部门在法律规范适用上的竞合与冲突。

4. 立法体例和脉络逻辑严谨、简洁明了,体现了规范主义的立法传统特质。该法典采取"编—章—条"的编纂体例,立法思路简明清晰。总则部分对立法目的、立法原则、概念阐释、职权划分等基本问题作出清晰阐释,对生态规划、生态标准、生态要求、环境影响评价和生态鉴定等基本制度作出原则而细致的规范;分则部分对纷繁复杂的自然客体作类型化的区分,并且针对不同自然客体的种属关系进行高度的抽象和概括,既避免了内容规定上的挂一漏万,又避免了立法结构包罗万象的"大杂烩"弊端。

5. 注重吸收和借鉴国际先进立法理念和成功经验,注重原则和制度上的国际接轨。独联体作为区域性国家间组织,在环境保护方面特别关注国际合作的重要性,尤其关注与国际公约和条约规定及国际标准的接轨。该法典规定,在内国立法与国际公约和条约发生冲突时,优先适用后者。正是由于该法典国际化的前瞻视野,保证了其在立法理念、制度规范及立法技术上与时俱进的国际化品性。

四、《独联体生态示范法典》翻译工作始末

本书翻译的俄文版《独联体生态示范法典》来自俄罗斯法律信息网“咨询+”（URL：http://www.consultant.ru/）。本书翻译的版本为该网站公布的《独联体生态示范法典（总则部分）》（2006年11月16日颁布）和《独联体生态示范法典（分则部分）》（2007年10月31日颁布）。

《独联体生态示范法典》翻译工作组成立于2017年7月。在完成初期的资料收集和准备工作后，工作组于2017年8月正式开始《独联体生态示范法典》的翻译工作，并于2018年12月完成初稿。由于翻译工作组的人员有限，翻译不时因工作安排而被迫中断，且译者还承担另一部《哈萨克斯坦生态法典》的翻译和校对工作，故而法典翻译工作时断时续。

2019年开始，翻译工作组在吸收相关领域专家的建议和意见基础上，对《独联体生态示范法典》的初稿进行多次完善，对术语表进行了多次校正。在此基础上，翻译工作组后续对译稿进行了两次校对：第一次为交叉校对，第二次为统校。为保证译本质量，翻译工作组还于2020年邀请了俄罗斯法研究领域的相关专家和研究生对校对稿进行外部审读，对反馈出的问题做最后的修正。在审校过程中，翻译工作组对使用频率较高的核心术语的翻译词条进行了汇总和整理，逐一进行审校和确定，并在译稿基础上统一整理了《独联体生态示范法典》附录部分的专业术语表。

翻译过程中，翻译工作组得到了俄罗斯联邦国家功勋法学家、俄罗斯科学院国家与法研究所生态法研究室主任米哈依尔·米哈依洛维奇·布林丘克教授的悉心指导。2017年10月22日，翻译组成员还与来京参加“各国环境法典翻译出版国际研讨会”的俄罗斯国立司法大学的阿列克谢·谢尔盖耶维奇·什拉博科夫副教授就法典翻译过程中遇到的文本释义、近义概念辨析、重点术语解释等问题组织了专门的小组讨论会。会后，翻译工作组同阿列克谢·谢尔盖耶维奇·什拉博科夫副教授一直保持着密切的交流和沟通，对翻译过程中出现的各类问题及时作出确认和处理。通过与俄罗斯专家们的深入交流和讨论，译者对翻译过程中遇到的重点、难点概念和词汇加深了理解，保障了翻译文本的准确性和专业

性。在此，对两位俄罗斯专家的悉心解答和帮助表示衷心感谢！

最后，特别感谢为此次翻译工作提供大力支持的阿里巴巴公益基金会，以及为法典翻译组织工作付出辛劳的北京大学教育基金会。对领导和推动此项法典翻译工作的吕忠梅教授、汪劲教授、张梓太教授、竺效教授以及在法典译校过程中给予支持和帮助的各位专家，为本书出版提供帮助的法律出版社吴昉编辑等同仁，谨此一并衷心感谢。

历时四年打磨，在各方的共同努力之下，《独联体生态示范法典》的中译本终于与读者见面。作为译者，很荣幸能为助力中国生态法治建设、促进中外法律文化交流、推动中国生态环境立法的法典化进程贡献绵薄之力。作为译者，既感到兴奋，又不免有些惴惴不安。环境法（生态法）是一门极其复杂的法学交叉学科，《独联体生态示范法典》的内容涉及多学科和跨部门的术语交叉，俄语长短句式的复杂表达，尽管译者力求做到译本尽善尽美，但碍于能力有限，翻译中难免存在错误与不足，望得到各位专家和读者的指正与赐教。

刘洪岩

2021年8月于北京止止斋

译校者简介

刘洪岩　1976年12月出生于黑龙江省庆安县。中国社会科学院法学研究所研究员、生态法研究室主任；中国社会科学院研究生院（中国社会科学院大学）教授、博士生导师。中国社会科学院法学研究所法理学博士后研究人员（2008～2010年），俄罗斯科学院国家与法研究所生态法学博士（2006年）。兼任中国环境科学学会环境资源法研究会副主任、中国法学会环境资源法研究会常务理事、北京市法学会环境资源法研究会副会长、北京市法学会生态法治研究会副会长。曾获得“教育部优秀海外留学人员”“黑龙江省留学人员归国报国奖”“黑龙江省杰出法学工作者”等荣誉称号。主要研究领域为生态法学、法理学及法哲学、比较法学(俄罗斯、东欧中亚法)。近年来,先后在《法学研究》、《环球法律评论》、《俄罗斯东欧中亚研究》、《国家与法》(俄罗斯)、《国家与法:理论与实践》(俄罗斯)、《社会与法》(俄罗斯)、《外国立法与比较法》(俄罗斯)等国内外期刊发表论文和译著百余篇;在国内外出版专著5部、合著和编著10余部;主持和参与国家社科基金、霍英东教育基金、全国人大常委会法制工作委员会、中国社会科学院、司法部、国家保密局、人社部、生态环境部、自然资源部、工信部、教育部等各类项目30余项,参与20余部环境与资源立法的起草和修订工作,完成内部研究报告40余份。

马　鑫　1990年12月出生于吉林省长春市。俄罗斯科学院国家与法研究所法学博士。2013年毕业于北京师范大学,获得文学学士(俄语)、经济学双学士学位;毕业后经国家留学基金管理委员会选派赴俄攻读法学硕博学位,硕博阶段分别研修国际私法和环境法;现为海南大学法学院讲师。近5年在中俄学术期刊共发表20余篇论文,参与编写2部法学著作,主持和参与4项省级和国家级科研项目等。

独联体生态示范法典

独联体生态示范法典总则于独立国家联合体成员国国家间议会大会第二十七届全体大会通过(2006 年 11 月 16 日第 27－8 号决议);独联体生态示范法典分则于独立国家联合体成员国国家间议会大会第二十九届全体大会通过(2007 年 10 月 31 日第 29－14 号决议)

本法典用以调整生态领域的法律关系,包括自然资源使用领域、环境保护领域和生态安全保障领域。

本法典明确了国家权力机关在生态领域的职权,按行政区域划分的主体国家权力机关在生态领域的职权、自然人和法人在生态领域享有的权利和承担的义务,以及违反生态立法应该承担的责任。

总　　则

第一章　生态领域的基本概念

第 1 条　基本概念

在本示范法典中所使用的基本概念如下:

灾难性环境污染,是指在经济活动客体和其他社会活动客体上发生的事故或灾难造成的环境污染,也指因对环境施加直接或间接影响而引发的其他突发性事件所造成的环境污染,其中包括向大气排放污染物质或者向水体排泄有害物质,或者固体污染物、液体污染物、气体污染物在地表区域和地下区域的流散,或者形成臭气、噪声、振动、辐射,或者对磁场、温度、光或其他物理、化学、生物方面的有害影响超过了对该区域在该时间内规定的允许程度。

人工客体,是指人类为保障其自身社会需求而创建的不具备自然客体属性的客体。

生物多样性，是指来源于各种各样生态系统的活的生物体的变化性，这些来源包括陆地、海洋、其他水生生态系统和上述系统构成的自然系统，以及除上述列举之外的其他来源；生物多样性包括遗传多样性、物种多样性和生态系统多样性。

良好的环境，是指该环境的质量能够保障自然生态系统、自然客体和人工化的自然客体功能的可持续发挥。

环境影响，是指拟议实施的活动对环境造成的一切后果，其中包括对人类健康和安全、动植物、土壤、地下资源、空气、水、气候、自然景观、历史文物和其他物质客体或者对上述因素之间的相互联系造成的一切后果；还包括对文化遗产造成的后果或者因上述因素的变化对社会经济条件造成的后果。

环境损害，是指因环境污染引起的自然生态系统退化和自然资源枯竭的环境的不良变化。

水体二次污染，是指因先前引入的污染物质的转化、生物的大规模繁殖或者死亡生物的分解而导致的水体污染。

排放，是指一些物质（气体、灰尘、悬浮大气微粒）、微生物或者能量（热能、电磁能、声能）进入环境，尤其是进入大气。

卫生标准，是指从安全性和（或者）对人类无害的角度出发，通过研究确定的、表明人类生存环境某一因素的最大允许或者最小允许的定量指标和（或者）定性指标。

国家卫生流行病防疫条例和标准，是指规定卫生流行病防疫要求的规范性法律文件［其中包括人类生存环境因素的安全标准和（或者）无害标准、卫生标准和其他标准］，不遵守这些标准会威胁人类生命或者健康，还会有疾病产生和传播的危险。

国家生态监测，是指对环境状态进行观测，对受自然因素和人为因素影响的环境状态的变化进行评估和预测的综合系统。

国家卫生流行病防疫监督机构，是指为了保护居民健康和生存环境，预防、发现、制止违反本国在居民卫生流行病防疫领域立法的活动。

自然生态系统，是指具有空间地域的自然环境中客观存在的一部分，在该自然生态系统中,生物(动植物和其他生物体)与非生物因素作为统一的功能整体相互作用,并通过物质和能量的交换相互联系。

环境污染,是指环境中进入或出现新的、通常不是其特有的物理、化学、生物因素,导致环境中所列因素的暂时浓度超出自然的多年平均值,从而对人类和环境造成不良影响。

污染物,是指在进入环境的过程中,造成环境要素污染的一切物质。

合格标志,是指根据本国立法规定的条例使用并受既定程序保护的安全标志,用以确保经过生态认证的客体符合针对其设定的生态要求。

生态灾难区,是指由于经济活动或者其他社会活动导致环境发生不可逆转的深刻变化的区域,包括导致居民健康状况显著恶化,生态平衡失调,自然生态系统遭到破坏,动植物种群退化。

生态信息登记,是指根据其管辖范围,可以通过生态信息客体保存和补充的有关环境状态、自然资源状态以及影响两者因素的系统化数据的总和。

自然资源的利用,是指将自然资源引入经济循环,以及在经济活动和其他社会活动中对自然资源产生影响的行为。

环境中的高度危险源,是指其开展的活动类型具有高度潜在的技术风险和生态风险的经济活动和其他社会活动客体。该类型活动的清单被列入《其经营会污染环境、其责任必须投保的技术和生产目录》,并作为本法典的附件。

环境质量,是指根据物理、化学、生物和其他指标和(或者)其总和确定的环境状况。

自然环境要素,是指能够一同保障地球生命存续的良好条件的土地、地下资源、土壤、地表水和地下水、大气、植物界、动物界和其他生物体,以及大气臭氧层和近地宇宙空间。

环境保护领域的监督,是指旨在预防、揭露和制止违反环境保护立法的活动,保障经济活动和其他社会活动主体遵守包括各项标准和规范性法律文件在内的环境保护要求的措施体系。

污染物和微生物排放的限制,是指在实施减少排放措施包括推广最佳可行技术期间，为了实现环境保护领域标准的阶段性成果而设定的向环境排放污染物和微生物的临时性限制。

许可，是指许可机关向法人或个体经营者签发的，允许其在严格遵守许可证规定的要求和条件下实施许可类型活动。

观测网络，是指由观测环境状况及其污染情况的固定观测点和移动观测点组成的系统。

最佳可行技术，是指旨在减少对环境、生存条件和公民健康产生的不良影响，基于科学和技术的最新成果并综合考虑经济因素和社会因素，在既定时期内实践应用的技术。

最佳自然保护实践，是指采用包括最佳可行技术、节约能源和其他资源、减少固体废弃物的产生量、向公众提供信息以及将经济活动和其他社会活动对环境、生存条件和公民健康产生的影响降到最低的措施。

对环境施加的不良影响，是指由经济活动和其他社会活动造成的影响，其活动后果造成环境质量的不良变化。

环境保护领域的标准，是指规定的环境质量标准以及允许对环境施加影响的标准，遵守该类标准可以保障自然生态系统功能的可持续发挥，以及保护生物多样性。

允许对环境施加影响的标准，是指根据经济活动和其他社会活动影响环境的指数制定的用以确保遵守环境质量标准的标准。

允许对环境施加人为负荷的标准，是指在某一具体区域范围内和（或者）水域范围内，根据影响环境和（或者）各个自然环境要素的所有污染源的允许总量制定的标准，遵守该类标准可以保障自然生态系统功能的可持续发挥以及保护生物多样性。

允许排放和排泄化学物质（包括放射性物质、其他物质和微生物）的标准，是指根据化学物质（包括放射性物质、其他物质和微生物）的质量指标，在既定制度下，综合考虑技术标准，针对经济活动和其他社会活动的主体制定的允许固定污染源、移动污染源以及其他污染源向环境排放和排泄上述物质的标准。遵守该类标准可以确保遵守环境质量标准。

允许施加物理影响的标准，是指根据物理因素对环境影响的容许程度制定的标准，遵守该类标准可以确保遵守环境质量标准。

环境质量标准，是指根据物理、化学、生物指标和其他指标制定的评价环境状况的标准，遵守该类标准可以确保环境处于良好状态。

允许含有化学物质（包括放射性物质、其他物质和微生物）的最大浓度标准，是指根据环境中化学物质（包括放射性物质、其他物质和微生物）的最大允许含量指数制定的标准，不遵守该类标准则会导致环境污染和自然生态系统退化。

保障生态信息访问权，是指以书面、视听、电子形式或者其他形式向所有利益相关人提供生态信息，并使所有利益相关人能够通过查阅文件、现场获取文件复印件或者参阅已发布资料的途径获取生态信息。

生态安全保障，是指预防生态危险情况的发生和发展，以及消除生态危险情况的影响（包括长期影响）的行动体系。

废弃物管理——与有证明文件的（包括有认证的）规范管理废弃物组织技术操作有关的活动，包括预防和最小化废物的形成和累积，以及对废物的形成和累积进行登记和监督，还包括对废物的收集、安置、利用、无害化处理、运输、储存、填埋、销毁和跨境转移。

生态信息客体，是指实际存在的，对环境保护、生态安全保障、健康保护意义重大且具有定性、定量和结构特征的对象、现象、过程或者其各个方面。

强制性生态保险，是指根据法律进行的经济活动和其他社会活动的客体的民事责任强制性保险，其活动属于环境高度危险源，用于补偿因环境对居民、经济设施和地区的影响给自然人和法人（第三人）造成的损失，以及发生在其客体上的事故和人为灾难及其他紧急事件造成的污染的损失。

环境，是指自然环境要素、自然客体和人工化的自然客体，以及人造客体的总和。

危险物质，是指有毒物质、致癌物质、诱变物质、致畸物质或者生物累积性物质，特别是当上述物质具有持久性时。

特别危险物质，是指会给环境以及整个生态系统带来重大风险的危险物质。

特别自然保护区，是指具有特殊的生态意义、科学意义、历史文化意义以及休闲意义的自然系统和自然客体的陆地、水域以及其上方的空域，并为其建立特殊保护制度的区域。

生产废弃物，是指在产品生产、工作（服务）活动中产生的，并且全部或者部分丧失原始消费属性的原料、材料、物质、制品、物品的残余物质。生产废弃物还包括在生产过程中再次形成的、在该生产中无用的伴生物质，其中包括开采矿藏时产生的岩石剥离物、农业废弃物、在对排放的工艺气体和废水进行净化时收集到的固体物质等。

消费废弃物，是指因社会需要或个人需求（生活活动）利用或使用的过程中，由于有形磨损或者无形磨损，部分或全部丧失了自身直接或者间接的原本消费属性的物质、材料、物品、制品、商品（产品或者制品）的残余物质。

公共生活废弃物，是指在人们生活活动过程中产生的废弃物，在生产或消费过程中产生、丧失其自身消费属性的商品（产品），以及原料、材料、半成品、其他制品或产品的残余物质。

环境保护，是指旨在保护和重建自然环境，合理使用和再生自然资源，预防经济活动和其他社会活动对环境造成的不良影响以及消除其后果的法律措施、经济组织措施以及经济措施的活动。

环境影响评价，是指对拟议实施的经济活动和其他社会活动对环境造成的直接、间接以及其他影响进行识别、分析以及论证的活动，以便作出可否实施该项活动的决定。

化学物质的最大允许浓度，是指根据化学物质（包括放射性物质、其他物质和微生物）在环境中的最大允许含量指标制定的标准，不遵守该类标准会导致环境污染。

最大允许（临界）负荷量，是指一种或者多种危险污染物质以及特别危险污染物质对环境造成影响的指标，超过该指标会对环境造成有害影响。

最大允许排放量，是指在大气固定污染源的大气质量卫生标准、大气生态标准、允许对生态系统施加影响的最大(临界)负荷值以及在其他生态标准不超标的情况下,允许该大气固定污染源向大气排放污染物的最大标准,该标准的制定应当综合考虑技术排放标准和大气污染物本底浓度。

最大允许排泄量,是指根据规定制度在单位时间内允许排泄的污水中物质质量的最大值,用以确保检查点的水质量标准。

紧急情况预防,是指为了最大限度降低发生紧急情况的风险,保护人类健康,缩小因发生紧急情况而造成环境损失和物质损失的规模而预先采取的综合措施。

人工化的自然客体,是指由于经济活动和其他社会活动而发生改变的自然客体,及(或)人为创造的并具有自然客体属性和休闲、防护意义的自然客体。

自然资源,是指在经济和其他社会活动中被用作或可能被用作能源、生产原料和消费品,具有消费价值的自然环境要素、自然客体和人工化的自然客体。

自然资源使用者,是指在本国领土范围内开展经济活动和其他社会活动时,使用自然资源并且对环境产生影响的任何所有制形式的法人或自然人。

自然资源使用,是指合理使用和节约自然资源,不允许为满足社会和经济需求而破坏环境的生态平衡。在使用自然资源时,应当考虑未来世代的需求。

自然保护要求,是指环境保护领域的法律、其他规范性法律文件、自然保护标准、国家标准以及其他规范性文件针对经济活动和其他社会活动提出的强制性条件、限制或者上述条件和限制的总和。

自然保护意义的产品(工作、服务),是民事权利客体的一部分,其使用有利于保护环境和自然资源的再生。

许可证,是指经授权的国家机关核准的文件,该文件的内容包含经济活动和其他社会活动主体排放、排泄、安置废弃物的标准,以及批准经济活动的全部主体或者其部分主体在遵守上述标准的情况下运营。

卫生防护区，是指一个具有特殊用途的绿化区域，可以将城市住宅区和工业企业隔离开，其规模和结构需要根据工业对环境有害影响的性质和程度确定。

排泄，是指物质或能源（热能、电磁能、声能）进入环境中（首先是水体或者陆地）。

环境管理系统，是整个行政管理系统的一部分，其中包括制定、贯彻、实施、分析和维护生态政策所必需的组织结构、规划、责任、方法、程序、流程和资源。

生态认证系统，是指根据技术管理领域的国家政策形成的、具有自己生态认证规则和程序的体系。

经济活动和其他社会活动主体，是指使用经济活动和其他社会活动客体的并且会对环境产生影响的自然人或者任何所有制形式的法人。

生态危险主体，是指其活动会对生态造成危险的法人或自然人，包括其负责人。

生态信息权的主体，是指有意愿获取生态信息的本国自然人和法人、外国公民和无国籍人、外国法人。

生态企业的主体，是指生产具有自然保护意义的产品、执行具有自然保护意义的工作和提供具有自然保护意义的服务的任何法律组织形式的法人和非法人组织。

技术标准，是指针对固体污染源、移动污染源以及其他污染源、工艺技术和设备所制定的物质资源使用标准和能源资源使用标准，该类标准反映出允许每单位产品向环境排放和排泄物质和微生物的数量，以及产生和安置废弃物的总量。

跨境污染，是指由于污染物跨境转移而形成的覆盖若干国家领土或者整个大陆的环境污染。

废弃物跨境转移，是指将废弃物从一国领土（经过该领土）转移到另一国领土的活动，并且其转移涉及两国及两国以上的利益。

环境保护领域的要求（生态要求），是指环境保护领域的法律、其他规范性法律文件、自然保护标准、国家标准以及其他规范性文件针对经济活动和其他社会活动制定的强制性条件和限制(或者上述条件和限制的总和)。

生态标准指数,是指在可以使用定量的方法进行衡量时,根据生态政策设定的环境状态的总体标准指数,并且为了保护环境和确保经济活动对公民生命和健康安全不构成威胁,经济活动主体和其他社会活动的主体均应当努力达到该标准指数。

紧急生态情况,是指为了保护公民生命和健康,保护环境,必须采取强制性应急措施予以消除的生态危险情况。

生态安全,是指一种政治、法律、经济、技术和其他措施的体系,旨在确保环境保护,保障人类和公民的切身利益,使其免受当前和未来经济活动和其他社会活动可能产生的自然性质和人为性质的不良影响的紧急情况威胁。

生态政策,是指经济活动和其他活动主体确保其客体整体生态效益的意向和原则的说明,该说明是建立和实现有针对性和计划性的生态标准指数的基础。

生态鉴定,是指检验拟议实施的经济活动和其他社会活动的设计方案是否符合环境保护领域的立法要求,以及能否确保生态安全的活动。

生态审计,是指对经济活动和其他社会活动是否符合包括标准、规范性法律文件和国际标准在内的环境保护领域的要求进行独立、全面的书面评估,并针对该活动提出完善建议。

生态信息,是指以书面、视听、电子或者其他任何材料形式记录的以下信息:

(1)关于环境各要素的状态,如空气和大气、水、土壤、土地、自然景观和自然客体、生物多样性及其组成部分,包括转基因生物体,以及上述要素之间的相互作用。

(2)物质、能量、噪声和辐射等因素,以及活动或者措施,其中包括(1)中所涵盖的会对环境各要素产生影响的或者可能对环境各要素产生影响的行政措施,环境保护领域的协约、政策、立法、规划和计划,成本效益分析,以及在环境问题决策中所使用的其他经济分析和假设。

(3)关于正在受到环境各要素状态的影响或者可能受到环境各要素状态的影响或者通过环境各要素受到(2)中提及的因素、活动或者措施影响的人类健康和安全状态、人类生活条件、文化客体以及建筑和设备的状态。

生态文化,是指人与自然和谐共处的国内经验和国际经验。

生态监督,是指旨在预防、揭发和制止违反环境保护领域的立法的活动,确保经济活动和其他社会活动主体遵守包括各项标准和规范性文件在内的环境保护领域要求的措施体系。

生态护照,是指包含如下信息的文件:有关自然资源使用者使用资源(自然资源、再生资源以及其他资源)的水平,该自然资源使用者的生产活动对自然环境产生影响的程度,自然资源使用权许可证的信息,生态影响标准以及自然环境污染付费额度和自然资源使用付费额度的信息。

生态风险,是指可能对生态安全产生威胁的经济活动和其他社会活动的预计负面影响引起的事件对环境和居民健康造成不良影响的可能性。

生态损失(损害),是指由于环境污染、自然资源的消耗和枯竭、生态系统失调造成的一切不良后果,该后果对人体健康、植物界和动物界、物质价值构成真实的威胁。包括人体健康恶化以及提早死亡、动植物物种灭绝、自然生态系统破坏、农业生产力下降和不动产价值下跌、池塘中鱼类死亡等。

生态损失的经济评估,是指针对法律关系和经济关系中某些特定主体,或者某一特定人群对环境产生的不良后果进行评估。可以针对不同程度的负面后果进行上述评估,包括针对局部、区域性和全球程度的不良后果开展评估。

生态标准化,是指制定和批准具有科学依据的最大允许对环境和人类施加有害影响的标准和规范,以及以一般方法论为基础制定和批准有关自然资源使用的规范和条例,综合全面地研究和分析生态系统的生态潜力以及生态系统各个组成部分的生态潜力。

生态教育,是指个人及公民学习、教育、发展的过程,自我教育和积累经验的过程,旨在形成有关环境保护、自然资源使用和生态安全保障的价值取向、行为规范以及专业知识,并在环境活动中得到落实。

生态企业,是指旨在确保环境保护以及恢复和保护自然资源,有关商品生产、从事商品生产工作和提供服务的生产、科研、信贷投资主体。

第二章　国家的生态立法

第 2 条　生态立法的基本原则

1. 优先原则是指：

—享有良好环境和确保生态安全是人类和公民的宪法权利，该宪法权利高于一切；

—将生态领域的活动列入国家战略利益领域的活动范畴；

—优先考虑确保国家在环境领域平等国际合作的国际法。

2. 生态关系参与者的平等原则是指：

—公民（自然人）和任何所有制形式的法人均享有平等的生态权利，在不损害他人生态权利和合法利益的同时可以自由行使其生态权利。

3. 生态关系参与者的民事责任原则是指：

—对任何所有制形式的、属于高度生态危险源的企业和组织的民事责任进行强制性生态保险；

—必须赔偿自然人和法人因为环境损害而遭受的损失，并且对人类和公民健康、自然人和法人的财产损失进行赔偿；

—全面补偿生态损失。

4. 在开展下列活动时，应当坚持生态领域专业活动独立性的原则：

—对拟议实施的经济活动和其他社会活动进行生态鉴定；

—生态领域的生态监督；

—对经济活动和其他社会活动进行生态审计。

5. 通过以下方式确保生态领域的预防原则：

—如果其实施会对或者可能会对环境产生不良影响以及对其他国家生态安全构成威胁，则必须为该类经济活动和其他社会活动建立持续性国家监督系统；

—如果拟议实施的经济活动和其他社会活动存在发生生态安全威胁的风险，则必须对该拟议实施的经济活动和其他社会活动的项目规划及其他文件进行生态鉴定，并且将鉴定结果归档；

—发展国家生态监测系统；

—利用高新技术平台，建设和运行国家生态安全观测台；

—对因自然、人为或者自然人为过程可能造成的国家生态安全威胁进行持续性科学预测。

6. 符合生态要求的原则是指：

—经济活动和其他社会活动的客体，在选址时应当考虑该地区的生态承载力；

—经济活动和其他社会活动对环境产生的人为影响不能超过相关地区所允许的最大生态负荷值。

7. 根据防止对环境造成不良影响和对国家生态安全造成威胁的预防性措施制定了如下禁止原则：

—禁止实施会对国内生态安全和国际生态安全造成直接威胁的任何活动；

—禁止为生态危险性商品和服务做广告；

—禁止或者中止将目前无法科学预测其实施后的影响，并且尚无环境保护以及生态安全保障建议的新型经济活动和其他社会活动付诸实践。

8. 遵守如下保障性原则是生态关系参与者遵守生态立法的法律依据：

—保障拟议实施的以及正在进行的经济活动和其他社会活动的生态安全；

—保障商品和服务的生态安全；

—预防和防止生态犯罪;

—必须惩罚生态犯罪。

9. 国家确保遵守公开原则:

—生态领域活动的公开;

—生态信息的真实可靠性。

10. 国家在生态领域开展的教育活动应当遵守普及性原则:

—真实可靠的生态信息;

—生态教育;

—公民和社会组织参与制定、采纳和实施有关其享有良好环境和保障生态安全的宪法权利的决策。

第3条 国家生态立法的结构以及包含生态法规范的其他法律法规

1. 根据国家宪法的规定,生态立法由国家以及按照行政区域划分的国家主体共同管理。

2. 生态立法包括本法典以及根据本法典通过的其他用以规范生态关系的本国法律。

3. 其他法律中包含的生态法规范应当与本法典保持一致。

4. 国家政府有权依据本法典和其他法律、国家总统令通过含有生态法规范的决议。

5. 部委、部门以及其他中央权力执行机关可以在其职权范围内,颁布含有生态法规范的法令。

6. 国家总统令、政府决议以及部委、部门和其他中央权力执行机关的规范性法律文件不得与本法典相抵触。

第4条 生态关系的法律规制

1. 国家生态立法是法律规制生态领域关系(生态关系)的保障。

2. 规制生态关系的目的是保护国家自然资源、保障实现公民享有良好环境的宪法权利,以及确保当代和后代的生态安全。

3. 由生态立法确定其规制的生态关系参与者的法律地位。

4. 由国家民事立法规制生态领域的财产关系。

5. 只有在本法典不与国家税法和其他财政立法相抵触时，本法典才可以规制财政（包括税务）关系。

6. 根据本国立法，本法典可以规定国家权力机关实行管理的程序以及规范生态关系的秩序。

7. 在自然资源法（矿山、土地、水和森林）领域产生的生态关系应当由国家相关领域的法律进行规制。

8. 自然资源的部门立法制定生态法规范时，应当考虑经济活动和其他社会活动在自然资源使用领域的特点。

9. 在本法典没有对某些生态关系进行规制的情况下，可以使用上述部门立法的规范对该生态关系进行规制。

10. 由本国相关法律对国家的内海、领海和专属经济区及其范围内的大陆架以及位于国家领土范围内的生态关系进行规制，在规制上述生态关系时，应当遵守本法典规定的原则和规范以及国际法的相关准则。

11. 本国生态立法的规定可以用于规制涉及外国法人、外国公民以及无国籍人参与的生态关系，除非本国立法另有其他规定。

12. 法律和其他规范性法律文件应当具有全面完整性，以便有效开展生态领域的执法活动。

第 5 条　生态关系的客体

1. 生态关系的客体包括以下几个方面：

—国家公民享有良好环境的权利；

—确保拟议实施和正在实施的经济活动和其他社会活动的生态安全，以及商品和服务的生态安全；

——系列措施，旨在合理开发自然资源潜力、保护生物多样性和被列入红皮书中的珍稀与濒危物种，支持和发展特别自然保护区的网络以及国内和国际的自然文化遗产客体；

—旨在研究自然因素、人为因素以及自然人为因素对环境以及人类健康施加影响的活动。

2. 有关合理开发自然资源潜力、保护环境以及保障生态安全方面的其他关系的客体由国家其他立法部门规制，生态立法应当与上述立法部门的规范相一致。

第 6 条　生态关系的主体

由生态立法规制的生态关系的主体包括国家、按照行政区域划分的国家主体、任何所有制形式的法人和自然人，以及其他国家的法人和自然人。

第 7 条　生态立法的时间效力

1. 生态立法的法律法规没有追溯力，即生态立法的法律法规只适用于规制在生态立法生效后所产生的关系。

2. 只有在本法典明确规定的情况下，才可以规制在本法典生效前所产生的关系。

3. 在生态立法生效前发生的关系，适用生态立法生效以后产生的权利和义务。

第 8 条　生态立法的空间效力

1. 生态立法在整个国家领土范围内（包括领海、大陆架、专属经济区以及国家管辖范围内的区域），均具有效力。

2. 应当根据本法典和本国立法规制在国家大陆架海底区域和国家专属经济区海底区域的自然资源使用、环境保护和生态安全保障问题。

3. 应当根据本国签署和加入的国际条约规制位于国家管辖范围内的海洋底部的自然资源使用、环境保护以及生态安全保障问题。

4. 应当由本国其他法律根据本法典确立的原则和规则管理与特别专属区的工作相关的，以及与放射性废弃物尤其是危险物质和有毒物质的填埋工作相关的特殊生态关系。

第 9 条　生态立法和国际法规则

1. 根据宪法的规定，经国家批准和通过的国际公约、由国家签署和加入的国际条约和协约中规定的国际生态法原则和规则均属于本国法律体系的组成部分。

2. 国家签署和加入的国际条约直接适用于本法典第 4 条第 3 款、第 10 款、第 11 款中规定的关系，除非国际条约规定，在适用国际条约规制上述关系时，应当制定国内法。

3. 当国家签署和加入的国际条约中的规定与本国生态立法的规定不一致时，应当优先适用国际条约中的规定。

第三章　国家规制生态关系的基本原则

第 10 条　国家中央代表机关在生态关系领域中的职权

国家权力机关在生态关系领域中的职权范围如下：

—制定、协调和批准国家社会经济生态安全可持续发展战略的总统令；

—制定主要方针，通过国家生态政策并保障其实施；

—制定和颁布用于规制生态关系的国家法律以及其他规范性法律文件；

—分配国家执行机关有关国家领土范围内和国家管辖的特别区域范围内的生态关系的管辖范围；

—确定对生态关系进行国家管理的经授权的国家机关的地位；

—通过制定生态领域的国家规划确定国家采购准备工作和竞标工作的程序；

—批准实施国家生态监测的要求；

—批准有关制定合理使用自然资源、保护环境以及确保生态安全保障的特别措施的要求，并建立相关程序；

—预防和制止生态犯罪；

—按照既定的生态犯罪事实，批准向司法机关提交文件的程序和该文件的形式，以及准备上述文件的程序；

—建立许可程序以及向任何所有制形式的法人和自然人签发允许其在生态领域开展活动的许可证的程序；

—批准将环境保护和确保生态安全保障方面的强制性章节纳入其实施后可能会对国家生态安全造成威胁的不同类型的经济活动和其他社会活动的许可程序中；

—建立评定工作岗位、技术和生产是否符合生态安全要求的程序；

—建立认证产品、商品和服务是否符合生态安全要求的程序；

—批准将环境保护和确保生态安全保障的强制性章节纳入任何所有制形式的企业和组织的生态护照中；

—组织开展合理使用自然资源、保护环境和生态安全保障领域的基础科学研究和应用科学研究，并且为上述科学研究提供国家支持以促进其发展；

—在生态教育系统中，组织培养自然资源合理使用、环境保护和生态安全保障领域的人才，并且为该领域的人才培养提供国家支持；

—与合理使用自然资源、保护环境以及确保国内和国际生态安全保障相关的国内社会组织和国际社会组织相互协作；

—确保居民能够获取关于国家生态安全潜在威胁以及为保护环境和居民远离生态安全威胁所采取措施的真实可靠的信息；

—在合理使用自然资源、保护环境以及确保国内和国际生态安全保障领域开展国际合作；

—行使由本国立法和其他规范性法律文件规定的与合理使用自然资源、保护环境以及确保国家生态安全保障相关的职权。

第 11 条 国家中央权力执行机关在生态关系领域中的职权

1. 权力执行机关在生态关系领域中的职权应当由本国立法确定。

2. 国家中央权力执行机关在生态关系领域中的职权如下：

—组织活动以确保落实国家社会经济生态安全可持续发展战略；

—制定和实施切实可行的措施以落实国家生态发展以及生态安全保障的政策；

—为经授权的、负责合理使用自然资源、保护环境和确保生态安全的主管部门有效开展工作提供必要和充足的条件；

—组织和实施在合理使用自然资源、保护环境和生态安全保障领域的国家采购的准备工作和竞标工作；

—组织和开展国家生态鉴定；

—组织建立和保护特别自然保护区；

—为落实合理使用自然资源、保护环境和生态安全保障领域的国家规划工作进行拨款、协调、评估，并对结果进行验收；

—组织和保障国家生态监测系统的有效运作，并且对国家领土和国家管辖的特别区域范围内的领土的生态安全状况进行实时监测；

—针对已证明其存在高度风险，并且会对国家生态安全造成威胁的自然客体、人工客体和人工化的自然客体开展国家生态审计；

—对应当进行强制性生态保险以保障生态安全的经济活动和其他社会活动客体进行国家注册；

—建立、制定并落实用经济方法评估因经济活动和其他社会活动对环境和居民健康产生不良影响所造成损害的程序；

—建立和制定能够预防生态安全威胁发生的必要措施及完善措施的程序；

—根据既定事实，针对因违反生态立法的规定对自然环境要素以及居民健康造成的损害，提起赔偿诉讼；

—组织、实施许可以及向法人和自然人签发允许在生态领域开展活动的许可证；

—组织生态专家参与对可能会对国家生态安全造成威胁的各种类型的经济活动和其他社会活动的许可；

—对工作岗位、技术和生产是否符合生态安全要求的评定结果进行监督；

—组织和执行有关认证产品、商品和服务是否符合生态安全要求的工作；

—为符合生态安全要求的产品、商品和服务签发市场准入许可证；

—在任何所有制形式的企业和组织的生态护照的相关章节中，规定有关环境以及确保生态安全的一般要求和特殊要求；

—组织与保护环境和保障国家及国际生态安全相关的活动，或者协调与此可能相关的国内和国际的社会组织、团体、运动、政党和其他非营利组织进行相互协作；

—通过大众传媒准备和传播与合理使用自然资源、保护环境以及确保生态安全保障相关的真实可靠的信息，或者根据自然人和法人的要求准备和传播上述信息；

—组织国内和国际层面的生态关系管理领域的国际合作，并保障其实际落实；

—行使由本国立法以及其他规范性法律文件规定的与国家管理生态关系相关的其他职权。

第 12 条　地方国家权力机关在生态关系领域中的职权

地方国家权力机关在生态关系领域中的职权应当由本国立法确定。

第 13 条　地方自治机关在生态关系领域中的职权

地方自治机关在生态领域中的职权应当由本国立法确定。

第 14 条　对生态关系进行国家规制的权力执行机关

1. 按照国家宪法和本国立法规定的程序，经授权的中央权力执行机关和地方权力执行机关对生态关系进行国家规制。

2. 对本辖区生态关系的国家规制，地方权力执行机关的管辖范围和职权范围应当由按照行政区域划分的国家主体的国家权力机关确定。

第 15 条　划分中央国家权力机关和地方国家权力机关在生态关系领域的职权范围

1. 根据国家宪法和本国法律以及有关划分中央国家权力机关和地方国家权力机关的管理对象和职权范围的协议划分中央国家权力机关和地方国家权力机关在生态关系领域的职权范围。

2. 应当根据中央权力执行机关和地方权力执行机关之间签署的关于

转移在按照行政区域划分的国家主体区域上进行国家规制生态关系的部分职权的协议,确定地方权力执行机关的管辖范围和职权范围,并且应当通过立法确认。

第四章　公民、社会组织、社会运动、政党和其他非营利组织在生态领域的权利和义务

第16条　公民的权利和义务

1. 每个人和每位公民均享有良好环境和生态安全的权利，获取关于环境状态和自身活动生态安全保障的真实信息的权利，以及因发生生态安全威胁遭受损害和损失时要求赔偿的权利。

2. 公民享有以下权利：

—成立社会生态团体、基金会以及其他非营利组织；

—向中央国家权力机关和地方国家权力机关、地方自治机关、其他组织及其负责人提交申请以获取与其居住地环境状况和生态安全威胁相关的信息；

—向法院提起诉讼，要求赔偿由于经济活动和其他社会活动的不利影响以及自然、人为和自然人为性质的紧急情况对其造成的损害和损失；

—行使本国立法规定的其他权利。

3. 公民应当承担以下义务：

—遵守生态立法；

—促进落实旨在合理使用自然资源、保护环境以及确保国家生态安全保障的措施；

—关注日常生活、劳动过程中的个人生态安全保障问题，以及在居住

地或者临时居住地的个人生态安全保障问题；

—预防因其自身过错可能导致的生态安全威胁；

—遵守生态立法的其他要求。

第17条 社会组织、社会运动、政党和其他非营利组织的权利和义务

1. 任何活动领域的社会组织、社会运动、政党和其他非营利组织，均有权在其业务范围内，保护公民的生态权利。

2. 在合理使用自然资源、保护环境和生态安全保障领域开展活动的社会组织、社会运动、政党和其他非营利组织，享有本国立法规定的权利以及其章程中规定的权利。

3. 在开展活动时，社会组织、社会运动、政党和其他非营利组织必须遵守本国立法规定的要求。

第18条 落实公民生态权的国家措施体系

1. 中央国家权力机关和地方国家权力机关、地方自治机关以及责任人有义务协助公民、社会组织和其他非营利组织实现其生态权利。

2. 对有关其经济活动或者其他社会活动可能会对居民和环境造成生态安全威胁的客体选址作出决议时，应当考虑居民意见或者公投结果。

3. 按照本国立法规定的程序，应当追究妨碍公民、社会组织和其他非营利组织在生态领域开展活动和实现生态权利的责任人的相关责任。

4. 外国公民、无国籍人以及任何所有制形式的外国法人在本国生态关系中的权利应当由本国立法确定。

5. 如果为了保障国家安全和战略利益，可以由特别法对生态权利进行限制。

第五章　有关国家生态发展的活动规划

第 19 条　国家生态发展的战略规划

为规划在国家领土和国家管辖的特别区域范围内合理使用自然资源、保护环境以及保障生态安全的活动，由总统令制定、通过和批准国家生态发展战略规划。

第 20 条　生态领域的国家计划

1. 为了规划、制定和落实生态领域的措施，制定全国性、区域性以及行业性的国家生态计划。

2. 根据本国立法确定和落实国家生态计划的实施程序，以及为国家生态计划提供资金支持的程序。

3. 应当根据国家社会经济生态安全可持续发展的预测，计划和制定生态领域的措施。

第 21 条　法人对生态领域的活动措施进行规划

法人开展的经济活动和其他社会活动会对环境和居民健康造成不良影响，可能损害环境以及威胁生态安全的，法人应当根据本国立法规定的程序规划、制定和落实可以保障其自身活动生态安全的措施。

第六章　环境保护领域和生态安全保障领域的标准制度

第 22 条　生态标准制度的原则

1. 建立生态标准制度，旨在对经济活动和其他社会活动对环境的影响进行国家规制，以确保维护良好环境和确保生态安全。

2. 建立生态标准制度，即建立环境质量标准、允许对环境施加影响的标准、自然资源使用配额与环境保护领域和生态安全保障领域的其他标准以及国家标准。

3. 禁止环境质量标准向不好的方向发展。

4. 只有在本国立法有特殊规定的情况下，才允许建立环境质量的临时标准。

5. 经特别授权的环境保护领域和生态安全保障领域的机关，根据国内立法批准生态标准。如果有关划分中央权力机关和地方权力机关职权范围的国内立法规定了地方（地区）生态标准，则可以分别建立国家和地方（地区）生态标准。

6. 经批准的生态标准对所有法人和自然人均具有强制性，应当发布并免费普及。

第 23 条　制定生态标准的要求

1. 应当根据现代科学技术成果，重新修订、制定、批准和落实环境质量标准、允许对环境施加影响的标准、国家标准以及其他生态领域的标准（生态标准）。在重新修订、制定、批准和落实上述生态标准时，应当考虑环境保护领域和生态安全保障领域的国家准则和标准。

2. 制定生态标准应当包括：

—确立制定或者重新修订标准的依据；

—开展科学研究工作对标准进行论证；

—按照规定的程序，制定、批准和公布标准；

—监督标准的使用和遵守。

3. 应当根据国家规定制定生态标准。

第 24 条　环境质量标准

1. 制定环境质量标准，以预防环境的进一步退化和生态安全保障的破坏。

2. 环境质量标准包括：

—根据环境状况的化学参数制定的标准，其中包括化学物质（包括放射性物质）最大允许浓度的标准；

—根据环境状况的物理参数（其中包括放射性和热量的水平参数）制定的标准；

—根据环境状况的生物参数制定的作为环境质量指标使用的标准，包括微生物最大允许浓度的标准；

—环境质量的其他标准。

3. 在制定环境标准时，应当考虑区域和流域的自然特点、自然客体以及人工化的自然客体的功能，其中包括特别自然保护区、具有特别自然防护意义的自然景观。

第 25 条　允许对环境施加影响的标准

1. 旨在预防经济活动和其他社会活动对环境造成有害影响，针对法人和个体经营者（自然资源使用者）制定了以下类型的、允许对环境施加影响的标准：

—允许排放和排泄化学物质以及其他物质的标准；

—建立生产废弃物和消费废弃物的标准，以及安置生产废弃物和消费废弃物的限额；

—允许对环境施加物理影响的标准（热量、噪声水平、振动程度、电离子辐射水平、电磁场强度和其他物理影响）；

—允许对环境施加人为负荷的标准；

—允许使用自然环境要素的标准；

—保护区、卫生防护区以及其他防护区的标准；

—生态安全标准；

—旨在保护环境和确保生态安全保障，由本国立法规定的在实施经济活动和其他社会活动时应当遵守的、允许对环境施加影响的其他标准。

2. 在针对经济活动主体和其他社会活动主体制定允许对环境施加影响的标准时，应当考虑使用最佳可行技术时的技术标准。

3. 在制定允许对环境施加影响的标准时，应当确保遵守环境质量影响标准，并且考虑区域和流域的自然特点。

第26条　允许排放和排泄化学物质以及其他物质的标准

1. 允许排放和排泄化学物质以及其他物质的标准，是根据允许对环境施加人为负荷的标准、环境质量标准、生态安全标准以及技术标准，针对固定环境影响源和移动环境影响源制定的标准。

2. 技术标准是在使用最佳可行技术的基础上，针对固定环境影响源和移动环境影响源制定的标准。在制定技术标准时，应当综合考虑经济因素和社会因素。

3. 对最佳可行技术允许使用的物质和物质要素规定可允许排放和排泄的标准。

4. 如果改建的企业无法遵守允许排放和排泄化学物质以及其他物质的标准，则环境保护领域和生态安全保障领域的授权机关可以在签发许可证的基础上，为该改建的企业制定允许排放和排泄化学物质以及其他物质的临时标准(限额)。

许可证仅在执行环境保护措施和采用最佳可行技术期间有效,签发许可证时应当考虑分阶段实现允许排放和排泄的标准。

第 27 条　规定生产和消费废弃物的标准以及安置生产和消费废弃物的限额

1. 通过建立废弃物的标准,可以确定在单位产品生产时,产生具体类别的废弃物的数量。

2. 废弃物安置限额,是根据允许对环境施加有害影响的最大标准,形成的废弃物的数量、种类和危险级别,以及安置废弃物客体的面积(规模)制定的限额,该限额规定了在既定的期限内,在考虑该区域生态状况的基础上,允许采用特定的方法将某一具体类别的废弃物安置在其客体上的最大数量。

3. 在废弃物管理领域开展活动的个体经营者和法人应当制定有关废弃物形成的标准和在某一具体废弃物处理厂安置某一具体类别的废弃物的限额草案,并且将其提交给经授权的国家权力机关进行核准。

4. 制定和批准废弃物形成的标准和安置废弃物的限额草案的程序应当由经特别授权的机关确定。

第 28 条　允许对环境施加物理影响的标准

允许对环境施加物理影响的标准(热量、噪声水平、振动程度、电离子辐射水平、电磁场强度和其他物理影响水平)应当根据允许对环境施加人为负荷的标准、生态安全标准,针对每一个影响源制定。在制定允许对环境施加物理影响的标准时,应当考虑其他物理影响源的影响。

第 29 条　允许对环境施加人为负荷的标准

1. 允许对环境施加人为负荷的标准,是指旨在综合协调位于某一具体区域和(或者)流域内的所有固体环境影响源和移动环境影响源,针对经济活动主体和其他社会活动主体制定的允许对环境施加人为负荷的标准。

2. 允许对环境施加人为负荷的标准，应当根据经济活动和其他社会活动对环境产生的每一种影响类型，以及位于该区域和（或者）流域的所有污染源的综合影响来制定。

在制定允许对环境施加人为负荷的标准时，应当考虑某一具体区域和（或者）流域的自然特点。

第30条　允许使用自然环境要素的标准

1. 旨在保障生态系统的可持续发展，建立允许使用自然环境要素的标准。

2. 允许使用自然环境要素的标准以及制定该标准的程序，应当由地下资源、土地资源、水资源、森林资源、动物资源的立法以及环境保护和自然资源使用领域的其他立法进行确定，并且应当根据本法典、环境保护领域和生态安全保障领域的其他法律和规范性法律文件规定的保护环境和各类再生自然资源的要求进行确定。

第31条　保护区、卫生防护区以及其他防护区的标准

旨在预防对环境和人类健康造成不良影响以及保护需要特殊保护的客体，建立保护区、卫生防护区以及其他防护区。

应当根据本法典和本国立法确定保护区、卫生防护区和其他防护区的规模。

第32条　经济活动和其他社会活动的生态安全标准及其生态安全保障

1. 制定生态安全标准，旨在评估因拟议实施的和正在实施的经济活动和其他社会活动对环境、居民健康、自然人和法人的生态安全造成威胁的风险。

2. 与影响客体有关的生态安全标准，包括根据以下条件制定的可接受的生态风险水平的标准和最大允许生态风险水平的标准：

—自然生态系统和自然经济系统在化学污染方面(其中包括放射性物质)的同化能力以及光合承载能力的环境状况的化学参数;

—环境状况的物理参数,包括水文气象参数(其中包括放射性水平以及其他类型的测量值水平);

—自然生态系统的生物参数,包括植物种类和植物群、动物种类和动物群以及作为环境生态安全状态的生态诊断系统的指示器和生物敏感元件使用的其他生物种类和生物群;

—会对环境和居民健康产生影响的固定源、移动源和其他来源的设计和运行的技术法规;

—在生态风险评估的程序中解决具体问题时旨在揭示不确定性而选取的其他参数。

3. 按照经济活动和其他社会活动的类型针对每一个影响源和影响客体制定和建立可接受的风险水平标准参数及最大允许风险水平标准参数。在制定和建立上述标准参数时,应当综合考虑生态因素、经济因素和社会因素。

4. 根据现行有效的环境质量标准、居民生活质量标准、安全保障标准制定和建立在计划和开展经济活动和其他社会活动时应当遵守的生态安全标准。

5. 经授权的生态安全领域的国家机关,应当组织制定规范性法律文件,以规范开展生态审计和生态鉴定的程序,以便识别商品和服务消费属性已知的和假定的可接受及可允许环境风险水平。

6. 遵守制定的技术标准和法规、环境质量标准、允许对环境施加影响的标准、环境领域的国家标准以及专门用于保障生态安全的规范性文件是经济活动主体和其他社会活动主体生态安全的保障。

7. 在生产、运输和存储特定类型的适销工业产品、食品和商品时,持有生态安全证书以及遵守相关的生态安全要求能够保障其生态安全。

8. 经济活动或者其他社会活动对环境和居民健康造成不良影响的可接受和最大允许风险水平的标准参数是判断生态安全是否得到保障的标准。

第 33 条　环境保护领域以及生态安全保障领域的其他标准

为实现国家协调经济活动和其他社会活动对环境产生的影响以及评价环境质量,可以根据本法典和本国其他规范性法律文件制定环境保护领域以及生态安全保障领域的其他标准。

第 34 条　生态领域的国家标准以及其他规范性文件

1. 环境保护领域以及生态安全保障领域的国家标准和其他规范性法律文件针对产品(工作、服务)、工艺流程和相关监督方法制定了相应的环境保护要求(规则和条例)。

2. 在制定环境保护领域以及生态安全保障领域的国家标准和其他规范性法律文件时,应当考虑科学技术的成果和要求以及国际条例和标准。

3. 在制定有关新技术、工艺、材料、物质和其他产品、工艺流程,以及产品(其中包括将产品归入废弃物类别后)的贮存、运输和使用的国家标准及其他规范性法律文件时,应当考虑环境保护领域和生态安全保障领域的要求、规则和条例。

第 35 条　生态领域中的个别活动类型的许可制度

1. 对环境保护领域和生态安全保障领域中的个别活动类型应当适用许可证制度。

2. 应当由本国法律规定适用许可证制度的环境保护领域和生态安全保障领域中的个别活动类型的目录。

第 36 条　生态认证制度

1. 生态认证制度(生态安全认证制度)的客体包括在本国领土范围内生产的或者从国外进口的任何一种产品、商品和服务。

2. 实施生态认证制度是为了保障在本国领土范围内开展的经济活动和其他社会活动的生态安全。

3. 生态认证制度可以是强制性的,也可以是自愿性的。适用强制性生态认证制度的产品(商品和服务)的目录应当由经授权的本国国家机关制定,并且由本国政府予以批准。

4. 强制性生态认证和自愿性生态认证应当由经许可的该领域的专业机构实施。应当按照本法典以及本国立法规定的程序对该专业机构进行许可。

第七章　在开展经济活动和其他社会活动时应当遵守的生态领域的要求

第 37 条　针对经济活动和其他社会活动的实施程序提出的生态要求

根据国家保障拟议实施和正在实施的经济活动和其他社会活动的生态安全的原则,应当根据许可程序在本国开展上述经济活动和其他社会活动。

上述许可程序包括生态鉴定程序,获得排放和排泄许可证、安置废弃物许可证的程序,获得自然资源使用、环境保护以及生态安全保障领域开展活动的许可证的程序。

第 38 条　在制定有关建设、改建、封存和清除经济活动和其他社会活动的各个客体的项目时应当遵守的生态领域的要求

1. 在制定有关建设、改建、封存和清除房屋、设施以及其他客体的项目时,应当遵守如下的生态领域的要求:允许对环境施加人为负荷的标准,制定预防和消除环境污染的措施以及废弃物的处理方法,采用有利于环境保护、环境重建、合理使用自然资源、促进自然资源再生的最佳可行技术。

2. 在设计、建设、改建、封存和清除房屋、设施以及其他客体时,禁止减少计划采取的保护环境和确保生态安全措施的成本,或者禁止保护环境和确保生态安全措施从项目工作中和被批准的项目中移除。

3. 不得批准未取得国家生态鉴定正面结论的项目,也不得为其提供资金支持。

第 39 条　在建设经济活动和其他社会活动的各个客体时应当遵守的生态领域的要求

1. 应当按照获得国家生态鉴定正面结论的,并且获得批准的项目计划对房屋、建筑物、设施以及其他客体进行建设和改建。在建设和改建上述客体时,应当遵守环境保护领域和生态安全保障领域的要求及卫生、建设、防火要求,以及其他规则和条例。

2. 在项目获得批准及土地地块分配之前,禁止开工建设和改建房屋、建筑物、设备以及其他客体,并且禁止变更已获得批准的项目进而违背环境保护领域的要求。

3. 在对房屋、建筑物、设备以及其他客体进行建设和改建时,应当根据本国立法采取措施以保护和重建环境,恢复土地生产力、区域美化。

第 40 条　将经济活动和其他社会活动的各个客体投入使用时应当遵守的生态领域的要求

1. 将房屋、建筑物、设备以及其他客体投入使用时,应当全面履行项目计划规定的环境保护领域的要求,并且根据验收委员会的决议投入使用。上述验收委员会由环境保护领域实施国家管理的权力执行机关的代表组成。

2. 应当根据本法典和本国立法规定的程序制定和批准有关排放和排泄许可证、安置废弃物许可证以及其他影响类型的许可证,在未取得上述许可证时,禁止将房屋、建筑物、设施以及其他对环境产生影响的客体投入使用。

并且禁止将未配备环境污染监督设备的客体,以及没有按照本国立法完成项目计划规定的环境保护和重建、恢复土地生产力、区域美化工作的客体投入使用。

3. 应当在遵守环境质量标准的前提下，根据最佳可行技术的技术标准，针对投入使用的新企业制定排放和排泄标准、产生废弃物的标准以及安置某种具体类型的废弃物的限额。

4. 在企业引进最佳可行技术时期，可以由经特别授权的环境保护领域和生态安全保障领域的国家机关为该企业规定临时排放和排泄标准。

5. 根据本国立法的规定，如果验收委员会的领导人和成员在对房屋、建筑物、设备以及其他客体的投入使用进行验收时，让不符合环境保护领域和生态安全保障领域立法要求的房屋、建筑物、设备和其他客体通过验收，则该验收委员会的领导人和成员应当为此承担行政责任和其他责任。

第41条　使用和停止使用经济活动及其他社会活动的各个客体时应当遵守的生态领域的要求

1. 法人和自然人在使用房屋、设备以及其他会对环境产生影响的客体时，必须遵守排放和排泄许可证上的参数、废弃物安置限额以及根据本国立法规定的其他环境保护领域和生态安全保障领域的要求。

2. 应当根据环境保护领域和生态安全保障领域的立法，在持有按照规定的程序批准的计划文件的前提下，停止实施使用房屋、建筑物、设备以及其他客体的活动。

3. 在停止使用房屋、建筑物、设备以及其他客体时，应当制订停止使用上述客体的计划，该计划应当通过国家生态鉴定，并且根据该计划来落实环境重建措施。

第八章　环境影响评价和生态鉴定

第42条　环境影响评价

1. 进行环境影响评价是为了识别拟议的管理决策方案和经济决策方案的生态后果以及其他后果。

2. 针对可能对环境产生直接或间接影响的拟议实施的经济活动和其他社会活动进行环境影响评价。在进行环境影响评价时，应当对拟议实施的活动的所有替代方案进行研究。

3. 环境影响评价的结果应当形成书面文件，作为初步项目材料和项目材料的一部分。禁止制定和实施没有进行环境影响评价的且会对环境产生影响的项目。

4. 有关环境影响评价程序和编制评价材料的要求由经特别授权的环境保护领域和生态安全保障领域的机关进行制定。

第43条　生态鉴定

1. 生态鉴定应当遵循如下原则：

—推定任何拟议实施的经济活动和其他社会活动均具有潜在的生态危险；

—在作出有关实施生态鉴定客体的决议之前，应当对其进行强制性的国家生态鉴定；

—综合评价经济活动和其他社会活动会对环境产生的影响及其后果；

—进行生态鉴定时，必须考虑生态安全要求；

—进行生态鉴定时，必须提交真实可靠的、全面的信息；

—生态鉴定专家在行使其生态鉴定领域的职权时，应当确保其独立性；

—生态鉴定结论的科学有效性、客观性和合法性；

—生态鉴定的透明性，社会组织（团体）的参与，社会意见的参考；

—生态鉴定参与者以及相关利益人应当对生态鉴定的组织、开展和质量承担责任。

2. 进行生态鉴定是为了确定拟议实施的经济活动和其他社会活动是否符合环境保护领域和生态安全保障领域的要求。

3. 国家生态鉴定应当由经授权的生态鉴定领域的国家权力机关，按照本法典以及本国国内其他规范性法律文件规定的程序进行组织和实施。

4. 公民和社会组织（团体）以及地方自治机关可以作为发起人，组织和实施社会生态鉴定。其中只有其章程中规定环境保护（包括组织和实施生态鉴定）是其主要活动方向的，并且根据本国立法规定的程序完成注册的社会组织（团体）才可以成为社会生态鉴定的发起人。

第九章　生 态 监 督

第 44 条　生态监督的任务和类型

1. 环境保护领域的监督（生态监督）是指监视受到经济活动和其他社会活动影响的环境状况以及环境状况发生的变化，监督国家权力机关、法人和自然人是否遵守生态立法的要求，其中包括是否遵守排放和排泄许可证的要求、废弃物安置许可证的要求以及其他生态要求。

2. 在本国实施三种类型的监督：国家生态监督、生产生态监督和社会生态监督。

第 45 条　国家生态监督

1. 国家生态监督由经专门授权的生态监督（督察）领域的国家机关，按照政府规定的程序实施。

2. 经专门授权的生态监督（督察）领域的国家机关负责人，即国家生态督察员享有以下权利：

—在出示工作证的情况下，以监督为目的，可以自由访问任何所有制形式和隶属关系的组织以及其他客体（其中包括按照规定的程序访问军事客体和国防客体），为开展国家生态监督可以查询和免费获取、阅览必要的文件、分析结果和其他材料；

—监督有关环境保护、引进最佳可行技术的规划和措施的执行情况，遵守环境保护立法的情况，技术设备和生产生态监督装置的运行情况；

—监督是否遵守自然资源使用证中规定的条件，是否遵守允许开展环境保护领域的个别活动的许可证中规定的条件，以及是否遵守排放和排泄许可证的参数、废弃物安置许可证的参数，并且提出有关吊销许可证的命令或者建议；

—提出关于进行生态审计、国家生态鉴定的建议，并且监督其决议的执行情况；

—作出有关禁止违反立法（包括国际公约）和生态安全要求的生态危险货物（制品）、废弃物和原料进入（离开）本国境内并且在本国境内中转（继续运输）的命令；

—在进行国家生态监督时，发现存在违反环境保护领域立法以及自然保护要求的情况时，可以要求法人和自然人消除该违法情况，并且颁布相关命令；

—如果个别生产车间和其他客体的运行使用违反了环境保护领域的要求，则在消除违法情况前，可以限制或暂停其运行使用；

—根据立法规定的程序，审理有关环境保护领域的行政违法案件，将追究有过错一方当事人的行政责任或刑事责任的有关材料发送给相关部门；

—确定（参与确定）因违反环境保护领域的立法而造成损害的规模，并在此基础上向有过错的一方当事人提出关于自愿赔偿该损失的要求，或者向法院提起诉讼；

—没收非法获取的动物界和植物界的客体、该客体的衍生品以及为获取该客体所使用的工具；

—向相关金融和信贷组织下达命令，使其停止向违反生态要求或者没有生态鉴定正面结论的经济活动或者其他社会活动客体的建设和使用提供资金支持；

—为了预防或制止违反环境保护领域立法的违法者的行为，向内务机关、检察机关以及国家安全机关提出申请以获得协助；

—行使现行有效立法规定的其他权利。

3. 国家生态督察员应当履行以下义务：

—及时全面地行使其权能，以预防、查明和制止违反环境保护领域国家立法的情况；

—保护国家机密、商业秘密和受到法律保护的其他秘密；

—提高公民的生态文明素养；

—向公民阐明有关环境保护国家立法的要求，以及公民的权利和义务。

4. 国家生态督察员的决议对所有法人、负责人以及公民均具有强制执行力，并且上述主体可以就国家生态督察员的决议向上级行政机关申诉或者向法院起诉。

5. 根据国家立法的规定，国家生态督察员应当受到国家保护。

第46条 生产生态监督

1. 开展生产生态监督是为了在经济活动和其他社会活动的开展过程中，确保有关环境保护、引入最佳可行技术、合理使用自然资源以及自然资源再生的措施得以执行，以及保障环境保护领域、生态安全领域立法规定的要求得以遵守。

2. 经济活动主体和其他社会活动主体应当按照立法规定的程序，向国家生态督察员提交有关组织生产生态监督的信息。

第47条 社会生态监督

1. 开展社会生态监督是为了实现公民享有良好环境的权利，并且预防违反环境保护领域的生态立法情况的发生。

2. 社会生态监督应当由社会团体和其他非营利组织根据其章程的规定，以及公民根据本国立法的规定来实施。

3. 必须按照本国立法规定的程序，对向国家权力机关提交的社会生态监督结果进行审查。

第十章　环境保护领域的以及确保生态安全保障领域的经济协调

第48条　确保生态安全保障的经济机制

1. 在国家预算中应当单独列出“国家环境保护和确保生态安全保障”这一项。

2. 该项财务保证金额和各部分的资金分配额应当在编制草案时进行确定，并应当征得议会听证会的同意，在议会通过预算法时制定，并且由国家总统批准。

3. 国家财政支出分类包括有关编制和核准各级预算中用于资助环境保护活动以及生态安全保障活动的企业和组织的预算的专项章节。

4. 由于违反生态立法而对环境、资源，以及自然人的生命、健康，自然人和法人的财产造成损害的，应当由造成上述损害的自然人或者法人，根据本国立法的规定予以赔偿。

5. 环境民事责任保险，是对造成环境损害、人类健康损害、法人和自然人财产损失应当承担的民事责任的生态保险，以预防环境的不良影响。

6. 需要进行强制性生态保险以保障生态安全的任何所有制形式的客体所有者，应当具有承担民事赔偿责任的资金担保（因不可抗力而发生的情况除外）。

7. 确定民事责任限额的资金担保额的程序由经授权的国家权力执行机关来制定。

8. 在实施、使用和处置的过程中，会对环境和居民健康造成损害的商品和服务，应当在该商品和服务的价格中规定生态安全限额。

9. 生态安全限额的大小由经授权的国家机关根据商品和服务类型的划分来确定，并且应当根据其提交的内容由政府决议予以确认。

第 49 条　生态领域的经济活动和其他社会活动的经济激励

1. 对生态领域的经济活动和其他社会活动进行经济激励，是为了通过经济手段激发经济主体在环境保护和生态安全保障方面的商业积极性。

2. 国家刺激生态领域的经济活动和其他社会活动的方法包括：为制定和切实执行环境保护活动以及生态安全保障活动提供国家经济优惠。

3. 依据签订有关生态安全保障的合同，为制定和切实执行环境保护活动以及生态安全保障活动提供国家经济优惠。

4. 有关为环境保护和生态安全保障方面的经济主体提供国家经济优惠的合同的内容、履行条件（包括违反合同义务的制裁）以及合同草拟程序、生效程序均由经授权的国家机关进行制定，并且由政府决议予以核准。

5. 经有关国家机关和工会的同意，任何所有制形式的企业和组织的领导人均可以主动发起经济激励以制定和切实执行有关环境保护和该企业及组织的经济活动和其他社会活动的生态安全保障措施。

第 50 条　为生态领域的经济活动和其他社会活动提供资金支持

1. 生态领域的经济活动和其他社会活动的资金支持源于：

—本国国家预算资金；

—区域预算资金；

—法人和自然人的自有资金；

—预算外的资金来源。

2. 为了提高生态领域活动的有效性，可以根据本国立法的规定，创建国家预算专项资金以及预算外资金。

3. 任何所有制形式的企业和组织实施有关环境保护及确保其经济活

动和其他社会活动的生态安全保障措施的资金支持源于其自有资金,以及在审批的项目计划框架内从各个级别的(国家、地区和地方)国家财政获得的资金。

4. 具有国家机构地位的国家机构和组织实施有关环境保护以及确保其经济活动和其他社会活动的生态安全保障措施的资金支持源于其隶属的国家财政(国家和地区财政)。

5. 社会组织和其他非营利组织实施环境保护以及其章程中规定的确保其活动的生态安全保障措施的资金支持源于其筹集到的资金。

第 51 条　生态领域的企业活动

1. 生态领域的企业活动(生态企业活动)均由国家予以支持。

2. 由国家根据本国立法规定,通过制定税收优惠政策以及其他优惠政策的方法,为生态企业活动提供国家支持。

第 52 条　生态审计

1. 开展生态审计,是为了保障生态安全,并且通过独立检查经济活动和其他社会活动是否符合本国立法规定的环境保护领域的要求、生态安全保障领域的要求和其他要求的方法来确定可以减少对环境造成损害的路径和方法。生态审计分为主动发起的自愿性生态审计和强制性生态审计。

2. 应当根据本法典、本国国内关于审计活动的立法、用于规制生态审计关系的本国国内的其他规范性法律文件来开展生态审计。

第 53 条　生态保险

1. 生态保险是保障生态安全经济机制的体现,是赔偿由于环境污染给自然人和法人造成损失的保障,是对经济主体通过对客体制定以及落实生态安全保障措施从而预防自然环境发生紧急污染情况的行动的激励。国家实行自愿性生态保险和强制性生态保险。

2. 应当根据本法典、有关保险的本国立法,以及用以规制生态保险关系的本国国内的其他规范性法律文件来开展生态保险。

第十一章　环境保护领域和生态安全保障领域的科学研究

第54条　环境保护领域和生态安全保障领域的科学研究

1. 环境保护领域和生态安全保障领域的科学研究旨在研究和获取关于生物圈、技术领域和社会领域的影响和过程的新知识；有关可能对环境和人类健康产生威胁的危险现象的新知识。科学研究的目的是扩展人们对环境的认知，分析和评估发生地区性、区域性、国家性或全球性环境安全威胁的风险。

2. 进行科学研究的目的：

—完善国家生态立法，建立标准、国家标准以及制定环境保护领域和生态安全保障领域的其他规范性文件，其中包括通过制定和编制建议将保障生态安全的法律法规引入国家相关立法的途径；

—为国家保障生态安全提供科学依据；

—制定构想，进行科学预测，以及制定合理使用自然资源、环境保护和生态安全保障的规划和措施；

—评价经济活动和其他社会活动对环境产生不良影响的后果；

—制定在生态鉴定、生态审计、生态许可、生态认证和生态保险的实践中使用的评价技术操作、技艺及生产、产品、商品和服务的生态安全的方法；

—建设生态安全观测台，以及构建生态安全基点网，以保障对已知的危险现象的发展进行实时观测，对自然界要素的影响和过程以及对经济活动和其他社会活动客体的影响和过程进行观察，并且获取有关可能对生态安全造成威胁的新知识；

—为生态风险区域、生态危机区域、生态贫瘠区域制定康复规划，完善重建生态不良区域的方法；

—制定和完善综合评价环境影响的指数，以及确定该指数的方法；

—制定在生态关系领域的生态和经济管理方法；

—制定和建立最佳可行技术方面的行业数据库；

—环境保护领域和生态安全保障领域的其他目的。

3. 应当由科学机构，遵照本国科学和科学技术活动的相关立法规定的程序，在环境保护领域和生态安全保障领域进行科学研究。

4. 环境保护领域和生态安全保障领域的科学研究属于国家特别重要和优先发展的活动领域。

第十二章　生态文化的形成基础

第 55 条　在生态文化领域进行国家规制的基本原则

在生态文化领域进行国家规制时，应当遵循如下基本原则：

—系统、综合和连续性地进行生态教育和生态启蒙；

—应当让教育体系中的学习者形成行为道德准则，并且掌握生态、生态安全、合理使用资源和保护环境方面的知识和实践技能；

—国家教育机构应当开设和（或者）引入“生态”独立教育领域的学科（课程）；

—国家教育体系和教学学科的生态化；

—在各阶段的职业教育中，制定连续的生态方向的教学计划和大纲；

—在各领域的生活和活动中，对居民进行生态启蒙教育，以及开展生态文化基础教育；

—其活动与对环境和人类健康产生有害影响的活动息息相关的管理人员、科学工作者和专家，以及开展生态启蒙教育活动的专家，务必参加强制性的生态培训；

—对发展生态文化方面的具体活动给予国家支持、经济刺激，旨在解决环境保护和恢复、生态安全保障、节约使用自然资源方面的问题；

—在生态文化领域开展国际合作。

第 56 条　学校生态教育

1. 为了培育公民生态文化，培养环境保护和生态安全领域的专家，在上述领域建立了教育体系，其中包括学前教育、普通基础教育、普通中等教育、职业技术教育、中等专业教育、高等教育和研究生教育，以及高级人才培训和再教育。

2. 根据开展专家职业教育、再教育和高级培训教学机构的概况，应当保障环境保护学科、生态安全学科和合理使用自然资源学科的教学工作。

第57条　对环境保护领域和生态安全领域的组织负责人和专家进行培训

在实施对环境会产生不良影响或者可能对环境产生不良影响的经济活动和其他社会活动时负责作出决策的组织负责人和专家，必须接受环境保护和生态安全领域的培训，该要求在对雇员进行职位任命、认证和重新认证时应当予以考虑。

没有经过上述培训的人员不得从事需要相关生态知识的工作。

第58条　生态意识的培养

1. 为了在国家中形成社会生态文化，应当借助大众传媒、博物馆、图书馆、讲座以及国家其他信息空间客体，对公民进行生态启蒙教育。

2. 大众传媒可以根据自己的职能，通过专业化的广播节目和电视节目、出版环保出版物的方式对与环境状况、自然资源状态和生态安全相关的生态知识、信息（其中包括广告）进行传播和宣传。

3. 公共博物馆和科学博物馆可以不断丰富生态领域的科学作品、科普读物和艺术作品，组织展览会、图书作者与居民见面会，建立生态信息消费群体数据库，并根据自己的职能有针对性地实施生态教育活动。

4. 应当针对作为国家历史文化遗产客体的特别自然保护区（国家自然保护区、国家公园等）开展生态启蒙教育活动。其目的如下：

—在自然保护区和国家公园的平台上，组织常规性的生态宣传和自然保护启蒙教育，并且在其相关组织机构中建立信息和启蒙教育中心以及自然博物馆；

—根据地区自然特点以及地区生态情况、某一具体的特别自然保护区的地方传统和任务来制定和落实生态启蒙教育纲要和计划；

—为开展夏季生态实践课程提供条件，优先授课人群包括在校学生、进修职业教育工作者和大学生；

—发展生态旅游业是培养生态启蒙教育的一种有效形式。

分　则

第十三章　在实施个别类型的经济活动时应当遵守的环境保护领域和生态安全保障领域的要求

第59条　对第1条"基本概念"作出补充

资质,是指认证机关正式承认自然人或者法人在某一特定的合格评定领域开展工作的职能。

产品安全、生产过程安全、使用安全、贮存安全、运输安全、销售安全、废物利用安全(以下简称安全),是指一种状态,在这种状态下不会发生禁止发生的有损公民生命或者健康、自然人或者法人的财产、国家财产或者市政财产、周围环境、动植物生命或者健康的风险。

允许的噪声水平,是指不会引起人类显著焦虑不安、系统功能状态参数和噪声敏感分析仪器参数发生本质变化的水平。

气味,是指在空气中存在能够被人类和动物鼻腔内的化学嗅觉受体所特殊感觉到的挥发性物质。

申请人,是指办理强制性合格认证的自然人或者法人。

生态安全的配额,是指在其寿命周期与生态风险相关的商品的价格中以及服务的价目表中规定的科学合理的配额。

生态安全的国家配额,是指在本国领土范围内销售商品的价格中以及提供服务的价目表中规定的配额。

生态安全的进口配额，是指在进口商品的价格中和从本国领土范围外引进服务的价目表中规定的配额。

生态安全的出口配额，是指在本国领土范围外销售商品的价格中和提供服务的价目表中规定的配额。

认证合格认证的机构，是指按照规定的程序，经授权的执行认证工作的独立法人或者个体经营者。

合格评价，是指直接或者间接地确认该客体是否符合对其提出的要求。

认证合格，是指以文件的形式证明产品或者其他客体、生产过程、使用、贮存、运输、销售和利用废弃物、执行工作或者提供服务与技术法规、标准规定或者合同条款的要求相符。

自愿性的合格认证，是通过自愿认证的形式进行的确认。

强制性的合格认证，是指通过强制性的合格认证或者合格声明的形式实施的认证；只在相关技术法规规定的情况下进行的认证。

可接受的生态风险，是指在实施经济活动和其他社会活动时，可以确认保障自然环境、居民健康以及自然人和法人财产的安全性的生态风险的标准参数。

自然环境，是指自然环境要素、自然和人工化的自然客体的总和。

自然资源潜力，是指根据地理结构、自然景观、气候条件、矿产资源、土壤、水资源、大气、植物界和动物界的利用、可用性和状况的特点所评估的区域生态承载力。

自然经济系统，是指自然环境中已被人类开发的客观存在的部分，在其空间和时间范围内可开展经济活动和其他社会活动，以及保持良好环境和居民舒适生活活动的条件。

自然系统，是指由功能和自然相连接的，由地理特征和其他相关特征组合而成的自然客体的综合体。

自然客体，是指自然生态系统、自然景观以及保留着自身天然属性的基本物质。

产品，是指以物质材料形式提供的，可进一步用于经济和其他用途所使用的活动结果。

合格认证证明，是指可证明客体符合技术法规、标准规定或合同条款要求的证明文件。

认证，是指由认证机构实施的，确认客体符合技术法规、标准规定或合同条款的形式。

标准，是指为了多次自由使用而在其文本中对产品特征、实施细则以及生产过程、使用、贮存、运输、销售和利用废弃物、执行工作或者提供服务的特征进行规定的文件；同时，在标准中还可以对术语、符号、包装、标签、商标及其标注规则的要求进行规定。

技术法规，是指根据本国立法、国家法律、最高首脑的法令，或者国家政府决议规定的程序，经批准的国际条约通过的文件，在该文件中针对客体（产品，其中包括房屋、建筑物和设备、生产过程、使用、贮存、运输、销售和利用废弃物）规定了强制性适用以及执行的技术规制的要求。

技术规制，是指对建立、适用以及执行针对产品、生产过程、使用、贮存、运输、销售和利用废弃物所规定的要求领域的关系，以及对自愿建立和适用针对产品、生产过程、使用、贮存、运输、销售和利用废弃物、执行工作或者提供服务所提出的要求领域的关系进行法律规制，以及对评价合格领域的关系进行法律规制。

服务，是指供应商与消费者之间直接相互配合的结果，旨在满足消费者在环境保护领域和生态安全保障领域的消费需求。

确认合格的形式，是指以文件的形式证明产品或者其他客体、生产过程、使用、贮存、运输、销售和利用废弃物、执行工作或者提供的服务与技术法规、标准规定或合同条款的要求相符的特定程序。

生态标识，是指标志和符号的特殊系统，是在生态市场中影响商品竞争力的因素之一，其使用目的在于告知客户以及合作伙伴有关产品及产品开发、生产和利用废弃物的过程的生态特点。

生态纠纷，是指在经济活动、管理活动以及其他社会活动过程中，由于自然资源保护关系领域中所采取的或者正在落实的决议和措施的评估所产生的分歧，以及由于赔偿对人类健康和环境造成损害所产生的分歧。

第60条　生产、处理废弃物或利用危险化学物质时应当遵守的环境保护领域和生态安全保障领域的要求

1. 在生产和处理危险化学物质之前,需要对其进行必要的卫生毒理学和生态毒理学研究,对其处理程序进行规范,针对生产危险化学物质的过程,危险化学物质对环境和人体健康的影响以及危险化学物质的贮存、运输和使用制定卫生标准和生态标准,并根据本国立法规定的程序对危险化学物质进行国家注册。

2. 所有危险化学物质都必须以如下形式标记以告知基本信息:危险化学物质的属性、存在的危险、应当采取的预防措施,以及在紧急情况下应当采取的行动。由经授权的环境保护领域和生态安全保障领域的国家机关对化学物质标志或者标识的要求作出相应规定。

为了在独立国家联合体的空间范围内,以及在社会中实现危险化学物质标志和标识的统一,在针对化学物质标志和标识制定相关要求时,应当考虑国际贸易中对化学物质规定的国际要求以及关于化学物质的信息交换的原则。

3. 对于已被列入国际认可的注册系统的化学物质及化学物质的混合物,在其商标上,除了标明通用的化学和商品名称之外,还应当标明注册号。

4. 危险化学物质的废物利用应当在专业化的垃圾填埋场通过填埋、再加工和无害处理的方法进行。

在具备危险化学物质废物利用的计划文件和技术文件按照本国立法规定的程序协商一致时,方可对危险化学物质进行利用。

第61条　在农业和林业中使用化学物质时,应当遵守的环境保护领域和生态安全保障领域的要求

1. 以保护人体健康、保护植物界和动物界以及保护周围环境为目的,制定在农业和林业中矿物化肥、保护植物化学品、作物生长和成熟刺激剂以及其他农用化学品的使用标准。

2. 为了降低化学物质对周围环境和人类健康的危害,禁止从事如下活动：

—在水资源保护区贮存矿物化肥、化学杀虫除莠剂以及其他化学物质；

—在未配备专业设备的场所贮存矿物化肥、化学杀虫除莠剂及其他化学物质，以及在未按照规定采取环境保护和人类健康保护措施的情况下，在地下水体的集水区和户外区域贮存矿物化肥、化学杀虫除莠剂以及其他化学物质；

在不同类别的特别自然保护区的用于保护动物界和自然客体自然状态的禁区带、在野生动植物栖息环境方面具有特殊价值的区域使用矿物化肥、化学杀虫除莠剂以及其他化学物质；

—在配备专业设备的场所之外，以及在未按照规定采取环境保护和人类健康保护措施的情况下，使用化学杀虫除莠剂来加工处理种子；

—在依赖昆虫授粉的作物的开花期使用化学杀虫除莠剂；

—把用消毒药浸泡过的、没有嵌入土壤的、可供野生动物食用的种子留在农业用地以及其他用地的土地表面上。

3. 禁止在农业和林业中使用在环境中难以分解的有毒化学物质。

第62条　在生产、处理废弃物或利用危险生物物质时以及发生生物效应时应当遵守的环境保护领域和生态安全保障领域的要求

1. 在生产危险生物物质之前，必须对危险生物物质进行卫生毒理学和生态毒理学研究，对其处置程序进行卫生规范，针对危险生物物质的生产过程、贮存、运输和使用制定卫生标准和生态标准，并且根据本国立法规定的程序对危险生物物质进行国家注册。

2. 所有危险生物物质应当以如下的形式标记以告知基本信息：危险生物物质的属性、存在的危险、应当采取的预防措施以及在紧急情况下应当采取的行动。由经授权的环境保护领域和生态安全保障领域的国家机关对生物物质标志或者标识的要求作出相应规定。

为了在独立国家联合体的空间范围内，以及在社会中实现危险生物物质标志和标识的统一，在针对生物物质标志和标识制定相关要求时，应

当考虑国际贸易中对生物物质规定的国际要求以及关于生物物质的信息交换的原则。

3. 在没有制定有效措施以预防其不可控的繁殖、没有国家生态鉴定正面结论、没有在环境保护领域实施国家管理的权力执行的许可以及根据自身职权和本国立法规定的其他权力执行机关的许可时，禁止生产、育种和使用不具备自然生态系统特性的、用人工方法制造的动植物和其他生物。

4. 由国家在生物安全和基因工程活动领域的立法规定处理转基因生物和产品的要求。

第 63 条　危险化学物质和危险生物物质的国家注册和审计

通过国家管理的危险化学物质以及危险生物物质的注册簿进行注册和审计，其内容包含有关危险化学物质以及危险生物物质的数据库，该数据库是按照独立国家联合体成员国的统一原则来创建的。

第 64 条　在使用放射性物质和核材料时应当遵守的环境保护领域和生态安全保障领域的要求

1. 法人和自然人应当遵守生产、贮存、运输、使用、填埋放射性物质（电离辐射源）以及核材料的规章，不允许电离辐射源的标准超过规定的允许最大标准，当电离辐射源的标准超过该标准时，应当立即告知放射安全保障领域的权力执行机关有关放射超标程度、对环境和人类健康造成危险的程度的信息，并采取措施以预防和消除环境放射性污染。

2. 不遵守处理放射性物质、核材料以及放射性废弃物规章的法人和自然人，应当根据本国立法承担相应责任。

3. 除了以加工为目的，从本国向其他国家出口本国自有的放射性废弃物之外，禁止以贮存或者填埋为目的，从其他国家向本国国内进口放射性废弃物和材料，以及禁止以填埋为目的，从其他国家向宇宙空间注入和发送放射性废弃物和材料。

并且，在未采取措施以防止放射性物质进入环境的情况下，禁止在土地表面和地下资源中填埋（安置）放射性废弃物和材料。

4. 在贮存和填埋放射性材料和废弃物时，自然资源使用者应当保证：

—不可能出现自发链式核反应，并且应当防止余热；

—根据现行有效的辐射安全规则和条例，通过采取有效的必要措施保护居民和周围环境的安全；

—考虑到可能由贮存放射性材料和废弃物引起的生物、化学和其他风险；

—对后代造成的后果不能超过允许对当代造成的后果；

—保存有关填埋客体的位置、构造和内容的审计文件；

—在必须实施积极监督、必须限制未经授权获取放射性材料以及在查明存在向环境非计划性地排放放射性材料的威胁的情况下，应当采取干预措施。

第 65 条　在造成不良物理影响时应当遵守的环境保护领域和生态安全保障领域的要求

1. 国家权力机关、按照国家行政区域划分的主体的国家权力机关、地方自治机关、法人和自然人应当采取必要措施以预防和消除对环境和人类健康、自然生态系统、典型自然景观和罕见自然景观会造成损害的噪声、振动、电场、电磁场、磁场以及其他会造成损害的物理影响，其中包括在生产场所、公共场所和居住场所、街道、庭院、城市广场和其他居民点、休息区和其他公共场所、野生动物栖息地，包括其繁殖地。

其中包括应当采取以下措施以减少噪声和振动：

—引进低噪声的工艺流程；

—改善汽车、铁路、空运、海运和河运交通运输工具的结构，改善农业、道路和建筑技术及其他配置了内燃机的移动设备和装置，改善上述设备的使用方法，以及改善铁路、电车轨道、道路和居民点的道路网的维修质量；

—在能够确保居民点生态安全的距离位置处，安置航站楼、飞机场和其他客体，以及使用噪声源设备；

—专门用于防噪声和防振动的措施。

2. 允许对各种用途的区域、生产场所、公共场所和居住场所的环境施加噪声、振动、电场、电磁场、磁场以及其他物理影响的程度,应当根据本国国内的卫生立法来确定。在确定上述允许施加物理影响的程度时,应当考虑世界卫生组织的要求。

3. 在安置和使用房屋、建筑物和其他噪声源、振动源、电场源、电磁场源、磁场源以及其他对环境和人类健康施加有害物理影响的客体时,应当分别对工作区以及非卫生防护区的物理影响程度加以确定。

4. 如果房屋、建筑物和其他作为物理影响源的客体超过了针对工作区和非卫生防护区所规定的允许施加物理影响的标准,则应当停止使用该类客体。

第 66 条　在规制气味影响领域的要求

1. 国家权力机关、按照国家行政区域划分的主体的国家权力机关、地方自治机关、法人和自然人应当采取必要措施以预防和消除气味对人类舒适的生存条件和健康产生的有害影响,其中包括在生产场所、公共场所和居住场所、街道、庭院、城市广场,其他居民点、休息区及其他公共场所。

2. 应当由本国国内的卫生立法制定与带有气味的化学物质相关的卫生条例。

第十四章　国家环境监测（国家生态监测）

第 67 条　组织国家环境监测（国家生态监测）

1. 国家环境监测体系（国家生态监测）。

实施国家生态监测的目的，是对环境状况进行监测（其中包括对有害影响源所在地区的环境状况进行监测，以及对有害影响源对环境产生的影响进行监测），保障国家机关、法人和自然人及时地获取全面真实可靠的信息、获取对环境保护领域和生态安全保障领域进行管理和监督所必要的信息。

2. 国家生态监测应当遵照生态关系领域的国家中央权力执行机关规定的程序开展实施。生态关系领域的国家中央权力执行机关和地方权力执行机关负责组织国家生态监测体系，保障国家生态监测体系的运行，即时监测国家领土和国家管辖的特别区域范围内的生态安全状况。

国家管理机关应当按照本国立法规定的程序，将环境状况监测材料无偿移交给生态关系领域的国家中央权力执行机关和地方权力执行机关。

国家机关、法人和自然人有权按照本国立法规定的程序，向生态关系领域的国家中央权力执行机关和地方权力执行机关要求查询有关国家生态监测的环境状况信息和环境影响的信息，并且有权从国家中央权力执行机关和地方权力执行机关获取上述相关信息。

3. 为编制社会和经济发展预测以及采取相关决策，制定环境保护领域和生态安全保障领域的规划和措施，国家权力机关、按照国家行政区域划分的主体的国家权力机关、地方自治机关可以使用通过国家生态监测获得的有关环境状况的信息、环境变化的信息。

经授权的生态鉴定领域的国家权力机关在采取有关拟议实施的经济活动和其他社会活动的可行性的决议时,应当使用国家生态监测材料。

应当根据本国立法规定的程序,将通过国家生态监测获得的有关环境状况的信息、环境变化的信息在国家大众传媒上予以公布。

4.按照本国立法规定的程序,经授权和经评定认可的独立生产实验室,在生态关系领域的国家中央权力执行机关和地方权力执行机关同意后,可以被列入国家生态监测体系。

第十五章　保护土地资源和土壤免受不良影响的法律原则

第68条　土地关系的规制

应当由本国土地立法和民事立法对土地使用、土地权利的产生和限制、土地所有权、土地的民事流转、土地类别划分、土地由一种类别向另一种类别的转化、土地监测和土地管理监测方面的土地关系问题进行规制。

与土地资源保护和土壤保护相关的问题，应当由本法典和土地立法进行规制。

第69条　保护土地的目的和任务

1. 保护土地包括旨在保护土地免受人为的有害影响，以及旨在再生产和提高土地肥力、森林资源土地的生产力而采取的法律措施、组织措施、经济措施和其他措施。

2. 根据土地的地带和地区的特点、使用目的和使用性质，将土地作为复杂的自然结构(生态系统)采用综合管理用地的方法对土地进行保护。

3. 应当由土地所有人、占有人、使用人、承租人根据本法典以及土地立法规定的规范和要求对土地进行保护。

4. 以下为保护土地的目的：

—预防土地的退化、污染、被乱堆垃圾、遭受破坏以及其他人为的有害影响；

—改善以及恢复已发生退化、遭到污染、被乱堆垃圾以及受到其他人为有害污染或破坏的土地。

第70条　在使用土地时应当遵守的生态要求

1. 在使用土地时自然资源使用者应当遵守以下生态要求：

—采取符合卫生流行病防疫要求和生态要求的生产技术，不允许对居民健康和环境造成损害，采用最佳可行技术；

—不允许污染土地、在土地上乱堆垃圾、使土地的肥力退化和恶化，以及以向他人售卖或者转让该土地为目的去除土壤肥沃层，但为预防彻底损失土壤肥沃层而必须去除的情况除外；

—在征得经授权的环境保护领域的机关、卫生流行病防疫署的国家机关以及经授权的其他机关同意的情况下，可以在地方权力执行机关允许的地方贮存和安置废弃物。

2. 自然资源使用者在开发矿产资源、开展地质勘探、建设和从事其他工作时应当：

—维护占用的土地地块以保持其处于符合其用途的进一步使用状态；

—去除工业建筑、露天采矿场、废石场、尾矿堆集库、井下采区上方的变形区域以及道路占据的土地区域上的腐殖土，并且为了对其进行贮藏和继续使用，将其运输到土地复垦的客体、覆加肥土的客体或者运输到临时尾矿堆集库；

—对划分的土地进行复垦。

3. 为了保护土地，土地地块所有者、土地使用者应当实施以下措施：

—保护土地免受水蚀和风蚀、泥石流和洪水、水渍、次生盐渍化、干燥、密实化、放射性物质和化学物质的污染、生产废弃物和消费废弃物的乱堆、生物污染以及其他不良影响；

—保护农业用地以及其他土地免受细菌寄生生物和检疫性害虫以及植物病害的传染，避免杂草滋生、灌木林和下层林繁殖，以及其他类型的土地状态退化；

—消除污染的后果，其中包括生物污染和土地垃圾乱堆；

—维护土壤改良已达到的水平；

—恢复已被破坏的土地生产力、恢复土壤肥力、让土地及时参与流转；

—在开展与破坏土地相关的工作时，去除和保留土壤肥沃层；

—如果采取其他方法仍然无法恢复土壤的肥力，则需要封存已退化的农业用地。

4. 在进行土壤改良、安置、设计、建造、改造、投入使用和使用改良系统和独立的水利工程时，法人和个体经营者应当采取措施以保障水利经济平衡和节约用水、保护土地（包括土壤）、森林、植物界客体和动物界客体，以及预防在实施改良措施时对环境产生的其他有害影响。

5. 国家机关在全国性和地区性的规划框架范围内采取必要的土地保护措施。

第 71 条　土壤中允许含有化学物质的最大浓度标准

1. 为了保护人类健康和环境，对土壤状况进行评价从而制定的土壤中允许含有化学物质的最大浓度标准。

在制定标准时，应当考虑到区域气候特点、土壤经济地位和生态地位。

2. 应当由经授权的环境保护领域和生态安全保障领域的机关，根据本国立法的规定，对上述标准进行核准。

第 72 条　针对会对土地和土壤状况产生影响的客体、建筑物和设施的设计和投入使用制定的生态要求

1. 在安置、设计、建造和投入使用新的和改造后的客体、建筑物和设备时，以及采用会对土地状况产生不良影响的新技术时，应当实施土地保护和土壤层保护的措施。

2. 禁止投入使用未采取保护土地免受退化或者破坏的措施的客体，并且禁止采用未采取保护土地免受退化或者破坏的措施的技术。

3. 在安置会对土地状况产生影响的客体时，必须征得土地占有人、使用人、承租人、土地规划局、环境保护机关和其他利益机关的同意。

4. 应当根据国家生态鉴定结论、其他国家鉴定结论，来评价对土地状况会产生的不良影响以及土地保护措施的有效性，在没有国家生态鉴定正面结论以及其他国家鉴定正面结论的情况下，禁止采用新技术和工艺、实施土地土壤改良计划以及为企业和其他客体的建设（改建）提供资金支持。

第 73 条　有关遭受过放射性污染和化学污染的土地的使用

1. 禁止遭受过放射性污染和化学污染、已不能确保在该土地地块上生产的产品符合相关既定要求（法规、规章、标准）的土地地块进行农业产品流通。禁止在上述土地上生产农业产品，并且禁止销售该土地上生产的农业产品。

2. 遭受过放射性污染和化学污染的土地的使用程序，建立防护区的程序，对该类土地上的居民楼、生产客体和社会文化客体实施保护的程序，以及在该类土地上开展土壤改良和经济作物工作的程序，应当由国家政府来确定。在确定上述程序时，应当考虑到辐射影响和化学影响最大允许限度标准。

第 74 条　保护稀有土壤以及濒临消失的土壤

1. 国家应当保护稀有土壤和濒临消失的土壤，为了对稀有土壤和濒临消失的土壤进行审计和保护，应当核准国家土壤红皮书和按照国家行政区域划分的主体的土壤红皮书，红皮书的管理秩序由政府进行确定。

2. 将土壤列入稀有土壤和濒临消失的土壤的程序、建立稀有土壤和濒临消失的土壤的土地地块使用制度的程序均由立法进行确定。

第十六章　保护地下资源的法律原则

第75条　地下资源使用关系的规制

与地下资源使用制度相关的关系，在地下资源使用领域进行国家管理和规制的程序，产生、实现和终止地下资源地段权的特点，以及地下资源使用人的法律地位的特点及其经济活动的特点，占有、使用和分配地下资源的问题以及其他与地下资源使用相关的关系（矿物关系）均由地下资源立法进行规制。

与地下资源保护相关的问题，应当由本法典和地下资源立法进行规制。

第76条　保护地下资源的目的和任务

1. 在地下资源保护领域进行国家管理和规制，是为了合理利用地下资源、安全开展采矿工作、保护地下资源以及周围自然环境。

2. 保护地下资源的任务包括：

—确定合理利用地下资源和保护地下资源的措施；

—在使用地下资源时，确保生态安全；

—在地下资源使用和保护领域进行监督；

—进行自然环境保护督察，其中包括对地质环境的保护进行督察；

—保护矿产资源产地免受灌水、浸水、火灾和其他减少矿产质量和产地工业价值或者增加矿产资源开采难度的因素的影响；

—在进行与使用地下资源相关的工作时，特别是在地下储存石油、天然气和其他物质和材料，填埋有害物质和生产废弃物、排放污水时，应当预防地下资源遭到污染；

—防止在集水区和供应饮用水的地下水区域或者供应工业用水的地下水区域内堆积工业和生活废弃物。

第77条　在利用地下资源时应当遵守的基本生态要求

1. 遵守允许施加人为负荷的最大标准、安置有害客体的标准以及矿产资源和其他地下资源的开采限额，可以保障生态处于良好的状态。

2. 在对地下资源进行研究和使用时，其中包括在建设、改造、使用、封存、转产和清除矿物生产时，地下资源使用者必须优先遵守在本法典中规定的，以及在环境保护领域的立法中规定的生态要求。

3. 在利用地下资源时，应当遵守的基本生态要求如下：

—应当根据本国国内生态立法的要求，对地下资源加以使用；

—保护自然景观和其他地貌结构；

—通过使用专业的开发矿床的方法来保护土地表面；

—预防人为造成的土地荒漠化；

—采取预先保护的措施以防止在勘探、开采地下资源时，以及在建设和使用与勘探和开采无关的地下设备时，出现技术性危险过程；

—保护地下资源免受浸水、火灾以及其他会增加地下资源所在地使用和开采难度的自然因素的影响；

预防地下资源遭受污染，特别是在地下储存石油、天然气和其他物质和材料，填埋有害物质和废弃物时；

—遵守中止、终止地下资源使用活动的既定程序，以封存和清除开发矿床的客体；

—在贮存和安置废弃物时，保障符合生态要求和卫生流行病防疫的要求；

—减少被破坏和被征用的土地面积；

—预防土壤、被剥离岩石的废石场以及工业废弃物的风蚀、氧化和自燃；

—为了避免漏失层和淡水层受到污染,应将漏失层和淡水层进行隔离;

—预防地下水发生枯竭和受到污染;

—在制备钻井液时,应当使用无毒试剂;

—净化钻井液,以及对钻井液进行再利用;

—使用生态安全的方法来清理溶液物质残留,以及燃料和润滑油物质的残留物;

—在油田层内压的维护系统中,对油矿流进行净化和再利用。

第78条　在开采地下水时,应当遵守的生态要求

1. 在签署开采地下水的合同之前,必须征得经授权的环境保护领域的机关以及居民卫生流行病防疫安全保障领域的机关的一致同意。

2. 应当对地下水水源地的开发方案(技术流程图)进行国家生态鉴定。

3. 在勘探和开采地下水时,地下资源使用者应当自费开展科学研究和结构设计工作,以探索新的地下水水源地的开采方法和技术流程,并完善现有的地下水源地的开采方法和技术流程,完善技术设备以及连续性、周期性的监测方法,保障合理使用以及避免地下水资源枯竭和污染,保护地下资源和环境。

4. 应当完全按照合同条款,在完全遵守本国立法规定的环境保护规范和要求的情况下,对地下水水源地进行勘探和开采。

5. 进行地质勘探的地下资源使用者以及在开采地下水时从事开采工作的地下资源使用者应当确保:

—合理勘探和开采地下水水源地,因此应当全面研究并预防因钻井开采不当而对水体及其质量属性造成无法挽回的损失;

—排除蓄水层受到污染的可能性;

—在项目计划没有规定的情况下,应当排除各层水体发生混合的可能性以及水体跨层溢流的可能性;

—预防无监管、无节制地出产地下水;

—对富含有用成分的地下水进行综合使用;

—保护大气、土地表面、森林、水和其他自然客体免受与使用地下资源相关的工作产生的有害影响,以及保护房屋和建筑物免受与使用地下资源相关的工作产生的有害影响;

—对在勘探和开采工作过程中被破坏的土地地块进行综合性恢复。

6. 为了保护供应饮用水和生活用水,并且富含天然治疗资源的地下水体,根据本国国内的水法典来建立卫生防护地带。

7. 在用于或能够用于饮用供水和生活供水的地下水体的集水区,禁止安置废弃物填埋场、公墓、墓地和其他会对地下水状况产生影响的客体。

8. 如果以勘探和开采其他矿产为目的使用地下资源,而致使蓄水层暴露,则自然资源使用者必须按照规定的程序采取措施以保护地下水体,并且将此情况向经授权的环境保护领域的机关、经授权的居民流行病卫生防疫安全保障领域的机关以及国家水资源管理机关进行通报。

9. 如果该井是用于或者能够用于饮用供水和生活供水的污染源,或者该井是以治疗为目的的蓄水层的污染源,则禁止以排放工业废水、治疗矿物废水和火力发电废水为目的对该井进行钻探。

10. 只允许在为了满足饮用水供应和生活用水供应需求的情况下,使用符合饮用水质量的地下水。

11. 禁止将未配备水调节装置、计量水流量装置的地下水的引水结构物投入使用,以及禁止将未设立卫生防护地带以及未建立地下水体状况指数监控站的地下水引水结构物投入使用。

12. 在选址、设计、建设、投入使用和使用与地下水体开采相关的引水结构物时,应当规定措施以预防引水结构物对地表水体和周围环境产生有害影响(区域水渍、荒漠化、土地沼泽化、土壤滑坡和塌陷)。

第 79 条　在使用地下资源时应当确保生态安全

在使用各类地下资源时,应当由相关权力执行机关制定并由国家政府批准的生态安全条例和技术规范对生态安全保障领域的要求清单进行严格规定。

第十七章　保护地表水免受不良影响的法律原则

第 80 条　水资源使用关系和水资源保护关系的规制

水体和水资源使用领域相关关系的规制，关于水体的水保护区的动物界和植物界（森林）、土地以及其他保护地带和区域的动物界和植物界（森林）土地关系的规制，关于在使用水体时产生的地下资源相关关系，均由本国国内的水资源立法、森林立法、土地立法和动物界立法进行规制。

与保护水体免受不良影响相关的问题，应当由本法典、水资源立法和土地立法进行规制。

第 81 条　在使用水体时应当遵守的基本生态要求

1. 保护水体免受污染的基本要求是改善水体的水质量。通过设立允许对水体施加最大负荷、对点源污染排放进行标准化和监督以及对经济活动和其他社会活动进行其他限制的方法来改善水体的水质量。

2. 为了维护水体的状况使其符合相关生态要求，为了预防地表水的污染、淤积和枯竭，以及保护动物界客体和植物界客体的栖息地而建立水资源保护区。水资源保护区是指毗邻水体水域、建立自然资源使用和自然资源保护的特别制度，并且为开展其他经济活动建立特别制度的区域。

在水资源保护区范围内，应当设立沿岸防护带。在沿岸防护带上禁止从事一切类型的活动，除了在有水体使用权许可证的基础上，安置供水客体、娱乐客体、垂钓和猎区、引水设施、港口设施和水利工程设施以外。

3. 水资源保护区和其沿岸防护带的面积和界限的制定程序，以及水资源保护区和其沿岸防护带的使用制度均由本国立法进行规定。

第82条　在排放污水时应当遵守的生态要求

1. 在向水体排放污水时，应当遵守相关主管部门事前签发的允许以排放符合标准质量的污水为目的的定期水体使用权许可证的规定，无一例外。

2. 在遵守环境质量标准的前提下，利用基于最佳可行技术制定的技术标准来制定排放标准。向水域和水流排放污水的赋权文件是指由经授权的环境保护领域的机关及其他机关，根据本国国内立法予以核准的许可证。在许可证中应当注明在遵守环境质量标准的前提下，基于最佳可行技术制定的技术标准所确定的污染物排放的名录和总量。

3. 自然资源使用者排放污水时，污染物的总量不能超过许可证中规定的排放总量，并且禁止对污染物的名录进行变更。如果在生产改造或者生产现代化的过程中，排放总量或者污染物的名录发生了变化，则自然资源使用者应当获取新的许可证。

4. 在自然资源使用者采用了最佳可行技术却依然无法保证执行环境质量标准的情况下，应当向该自然资源使用者签发污水排放的临时许可（限额）证。该临时许可证只在有关补充净化污水的措施或者其他旨在遵守环境质量标准的措施被执行期间有效。日程计划是该临时许可证的必要组成部分，在日程计划中应当指出执行上述措施的各阶段，以及在执行的过程中能够达到的污染物减排的程度。

5. 在进行国家生态监督和生产行为生态监督时，应当遵守许可证中规定的执行条件。生产行为生态监督的周期和被监督的物质名录应当在许可证中注明。

6. 办理污水排放许可证的程序以及许可证的有效期均由本国立法进行规定。

7. 不允许向富含天然治疗资源的水体排放污水和沟渠水；不允许向受到特殊保护的取水卫生保护区的水体排放污水和疏水；不允许向珍贵的动植物栖息地以及被列入红皮书中的动植物栖息地的水体排放污水和疏水；不允许向珍贵的鱼类产卵地和过冬地以及受到特殊保护的鱼类产卵地和过冬地排放污水和疏水。

8. 禁止向水体排放生产、经营、生活废弃物和其他垃圾，禁止在水体中填埋生产、经营、生活废弃物和其他垃圾。

第 83 条　在使用水体和水利设施时应当遵守的生态要求

1. 在安置企业以及其他会对水体状况产生影响的设施时，应当遵守环境保护、地下资源保护、卫生流行病防疫、工业安全、水资源再生和合理利用的条款和条例，同时还应当考虑到上述客体的活动可能导致的生态后果。

2. 建设、改造、运行、停止、清除水利设施应当在获得国家生态鉴定正面结论和工业安全鉴定正面结论的前提下进行。

3. 在安置水力发电站以及其他水利工程设施时，应当以优先保障饮用供水和日常生活供水为原则，以保证用于捕捞、保护和繁殖渔业资源的水库和河流区域能够满足渔业需求为原则，来制定水库补水和放水的措施。

第 84 条　预防位于两个及两个以上的国家的领土范围内的水体污染发生跨境转移

为了预防水体污染发生跨境转移，国家应当：

—采取措施以预防、限制和减少位于国际流域范围内的水体的水污染；

—避免会导致国际流域水体的水文状况、水文化学状况以及与其相关的生态系统状况发生恶化的作为或者不作为行为；

—根据双边以及多边国际协定来协调确定各国的国家水质量标准以及允许对国际流域和与国际流域相关的生态系统施加影响的程度，对污染物的排放进行限制并对污染物的跨境转移进行监督。

第十八章　保护大气免受不良影响的法律原则

第 85 条　在大气保护领域进行国家管理的基本原则

在大气保护领域进行国家管理时，应当遵循以下原则：

—优先保护当代及后代人类的生命和健康；

—确保为人类的生命、劳动和休息提供良好的生态条件；

—不允许对环境造成不可逆转的大气污染的后果；

—与向大气排放有害（污染）物质以及对大气施加有害的物理影响相关的问题，应当由国家进行强制性规制；

—与大气状态及其污染情况相关的信息应当公开透明和真实全面；

—保护大气和保护整体环境的方法应当具备系统性和综合性，并且具有科学依据；

—必须遵守大气保护领域的本国国内立法以及国际协定的要求，并且在违反相关要求时承担相应的责任。

第 86 条　大气质量标准以及对大气施加有害物理影响的标准

1. 制定大气质量的卫生标准和生态标准，以及确定允许对大气施加物理影响的最大限度，是为了制定能够对人类、动植物、特别自然保护区及客体施加化学因素、物理因素和生物因素影响的安全标准和（或者）无害标准，以及为了评价大气状况。

2. 根据大气污染物质的成分制定的大气质量标准的污染物名目和标准值,以及确定的允许对大气施加物理影响的最大限度,应当按照国家政府规定的程序进行制定和作出修订。

第87条　向大气排放有害(污染)物质的标准以及对大气施加有害物理影响的标准

1. 对向大气排放有害(污染)物质进行国家规制时,应当制定以下排放标准:

—技术排放标准;

—最大允许排放标准。

2. 应当针对向大气排放有害(污染)物质的各类型的固定源,以及针对构成大气污染源的所有类型的交通运输工具和装置及其他移动工具和装置制定技术排放标准。

3. 技术排放标准,应当根据国家技术规制的立法来制定。该标准的形式既可以是强制执行的技术法规,也可以是自愿遵守的标准。

应当依据该类型的设备或者工艺的最佳可行技术来制定技术排放标准。

4. 制定允许对大气施加物理影响的最大标准是为了实现国家在对大气施加有害物理影响方面的规制。

5. 应当随着科学和技术的发展,同时参考国际标准,对允许向大气排放有害(污染)物质的最大标准和允许对大气施加有害物理影响的最大标准,以及确定上述标准的方法,进行不断地修订和完善。

6. 允许向大气排放有害(污染)物质的最大标准,以及允许对大气施加有害物理影响的最大标准,应当根据国家政府规定的程序进行制定和确认。

第88条　确定排放标准的程序

1. 应当将排放标准项目作为经济活动和其他社会活动的环境影响评价的一部分来进行论证,或者以单独的文件形式呈现并对其进行论证。

2. 在制定排放标准时,应当采取方法对大气中散逸的有害(污染)物质进行计算,其中包括在考虑到所有类型的交通运输工具和设备以及其他移动工具和设备的情况下,对城市居民点和其他居民点地区及其部分地区采取的综合性计算的方法。

在制定排放标准时,应当考虑环境的现有污染。有关环境质量参数的本底浓度数据应当由国家水文气象署或者按照与项目定购人或项目组织方签订的合同来行使国家生态监督权力的行政机关提供。

3. 如果具有向大气排放有害(污染)物质的污染源的法人无法遵守最大允许排放量的情形时,环境保护领域和生态安全保障领域的地方国家机关应当为该污染源制定临时性的排放标准(限额)。

分配的限额只在实施环境保护措施和引进最佳可行技术期间有效,并且在分配限额时,应当考虑到阶段性地达到规定允许排放和排泄的标准的情况。

第 89 条　针对会给大气施加有害影响的经济活动和其他社会活动制定的一般性要求

1. 为了预防可能会对周围自然环境、人类健康和人类基因库造成的损害而制定大气保护要求。

2. 禁止使用不符合立法规定的大气保护要求的新技术、工艺、材料、物质和其他产品,禁止采用不符合立法规定的大气保护要求的技术设备和其他技术工具。

3. 在国家领土范围内对燃料进行生产和使用时,必须持有能够确认燃料符合人气保护要求的认证书。

4. 在国家领土范围内对技术设备、工艺设备、发动机、交通运输和其他移动工具和设备进行生产和使用时,必须持有能够确定该设备排放出的有害(污染)物质成分符合技术排放标准的认证书。

5. 国家行政机关和按照行政区划分的国家权力主体可以对燃烧会导致相关区域大气污染的石油产品和其他类型的燃料的利用进行限制,并且对生态安全燃料和其他能源载体的生产和使用进行激励。

6. 如果尚不能确定一种物质对人类的生命和健康以及对周围自然环境的危险程度,则禁止向大气排放该种物质。

7. 任何对大气和大气过程所施加的人为影响，均需要依照环境保护领域和生态安全保障领域的国家行政机关签发的许可证来进行，并且需要确保该影响不会对人类的生命和健康以及对周围环境造成有害的后果。

务必根据本法典规定的程序，对初次研究的大气和大气过程的影响的类型进行国家生态鉴定。

第90条　在设计、安置、建设、重建和使用经济活动客体和其他社会活动客体时应当遵守的大气保护要求

1. 在设计、安置、建设、重建和使用经济活动客体和其他社会活动客体时，在修建城市居民点和其他居民点时，应当确保大气质量符合标准不超标，遵守生态标准、卫生标准以及施工标准和条例，其中也包括绿化面积的标准。

2. 在城市居民点和其他居民点范围内设计和安置会对大气质量产生有害影响的经济活动客体和其他社会活动客体时，以及在修建和重建城市居民点和其他居民点时，均应当考虑大气本底污染程度，并且对在实施上述活动的过程中大气质量可能发生的变化进行预测。

3. 为了对居民生活区域的大气进行保护，应当在企业和组织的区域设立卫生防护带。该卫生防护带的规模应当依据排放的有害（污染）物质在大气中的扩散程度，根据本国国内卫生立法的要求来进行计算。

4. 在会对大气质量产生不良影响的经济活动客体和其他社会活动客体的建设项目中，应当制定措施以减少大气有害（污染）物质的排放，并且根据环境保护领域的行政机关的要求和居民卫生流行病防疫保障机关的要求，制定大气有害（污染）物质的无害化处理的措施。

5. 禁止安置和使用未配备大气保护条例规定的气体净化装置和大气有害（污染）物质排放监督设备的经济活动客体和其他社会活动客体。

第91条　在生产和使用交通工具以及其他移动工具时，对大气有害（污染）物质的排放进行规制

1. 禁止生产和使用排放的有害（污染）物质的含量超过既定的技术

排放标准的交通工具和其他移动工具。

2. 应当定期对所排放的物质会对大气造成有害影响的运输工具和其他移动工具进行检查，按照本国政府规定的程序，检查其排放是否符合技术排放标准。

3. 各主体的国家权力机关可以在其职权范围内限制交通工具和其他移动工具进入居民点、特别自然保护区范围内的休息区和旅游区，并且对上述区域内的交通工具和其他移动工具进行管制。

第 92 条　在大气状况发生变化会威胁到人类的生命和健康时，对居民进行保护的措施

1. 在不良的气象条件下，各主体的国家权力机关和地方自治机关可以在城市居民点和其他居民点组织开展管控工作，对大气有害（污染）物质的排放进行管控。

2. 开展第 1 款中所示的管控工作的程序，其中包括编制和转发相关预测的程序，由各主体的国家权力机关根据环境保护领域和生态安全保障领域的地方执行机关的意见来制定。

3. 在接收到不良天气条件的预测时，具有有害（污染）物质排放源的法人应当采取措施以减少向大气排放有害（污染）物质，该措施应当征得负责对上述措施的实施和有效性进行监督的环境保护领域和生态安全保障领域的地方执行机关的同意。

4. 由于向大气排放有害（污染）物质导致大气状况发生变化，并且对人类的生命和健康造成威胁时，根据国家关于保护居民和地区远离自然性质的和人为性质的紧急情况的立法来采取紧急措施保护居民的安全。

第 93 条　跨境空气污染

为了减少本国境内的有害（污染）物质排放源造成的大气跨境污染，成员国应当采取保障措施以减少大气有害（污染）物质的排放，以及根据本国在大气保护领域所承担的国际义务来采取其他措施。

第十九章　环境保护领域和生态安全保障领域的技术规制

第94条　环境保护领域和生态安全保障领域的技术规制的基本目的和原则

1. 环境保护领域和生态安全保障领域的技术规制的基本目的如下:

—保障产品、服务、流程对人类的生命和健康、周围环境(其中包括植物界和动物界)的安全性;

—预防会在产品、服务、流程的生态安全方面误导消费者的活动;

—提高产品和服务的竞争力。

2. 环境保护领域和生态安全保障领域的技术规制应当遵循以下基本原则:

—国家技术规制体系的统一性和完整性;

—对本国的与进口的产品、服务要求一致,以及评定本国的与进口的产品、服务是否符合既定要求的程序要求一致;

—在制定技术规制领域的规范性法律文件,以及在制定环境保护领域和生态安全保障领域的标准时,应当优先使用科学和技术成果、国际和区域组织的标准;

—自愿选择适用于其目的的标准;

—评定合格的统一规则和系统;

—同一个机关不允许同时具有鉴定是否合格的职能和评定合格的

职能；

—同一个国家机关不允许同时具有国家生态监督和检查以及评定合格的职能；

—评定合格的机关应当独立于制造商（执行者）、卖家和买家；

—不允许限制在合格评定工作领域的竞争。

第95条　在环境保护领域和生态安全保障领域评定合格的客体和程序

在环境保护领域和生态安全保障领域评定合格的客体和程序应当由国家在技术规制领域的规范性法律文件、技术法规或者国际协定的条款来确定。

第96条　以生态安全保障为目的制定的合格评定的标准和技术法规

1. 保障环境保护领域和生态安全保障领域具体要求的法律规范分为强制性的和自愿性的。

自愿性的合格评定是以自愿认证的方式进行的。

强制性的合格评定是以强制性的认证或者声明的方式进行的。只有在相关技术法规规定的情况下，特别是对其是否符合技术法规的要求进行评定时，才能进行强制性的合格评定。

在环境保护领域和生态安全保障领域进行强制性的合格评定所用的程序应当由本国国内立法规定。

2. 禁止销售应当进行环境保护领域和生态安全保障领域的强制性认证，但却不具备合格认证书的产品（工作和服务）。

第97条　生态标志

1. 生态标志的任务如下：

—避免消费者购买（使用）会对环境和人类健康造成危险的产品；

—建议消费者购买和使用符合质量标准的产品；

—预防所有类型的产品在生产、使用和清理(废物利用、再加工)时会对环境造成的污染;

—保障设备、工艺流程、生产和产品的生态安全;

—采用生态安全的工艺流程、设备和生产方式;

—防止向本国进口具有生态危险的产品和技术;

—促进本国产品的出口,以及提高本国产品的竞争力。

2. 生态标志的客体是指可能会对环境、居民健康以及生物资源产生有害影响的产品。生态标志的客体包括从可能会对生态安全造成威胁的角度考虑到的产品的生产流程以及所采用的工艺。

3. 在评定合格后,生产者可以在自愿的基础上为其产品标注生态标志。

产品的生态标志应当由相关领域的独立的非国家机关(消费者协会、同盟)按照本国国内有关技术规制的立法规定的程序来实施。

4. 符合生态标志的标准和形式,以及对生态标志的技术要求均应当由独立的非国家机关制定。

第98条　采用国际标准

1. 应当通过以下方法来激励国家的自然资源使用者采用环境保护领域和生态安全保障领域的国际标准,其中包括产品质量管理和生态管理系统:

—传播有关国际标准的信息;

—减少对符合国际标准认证的自然资源使用者检查的频率。

2. 激励采用国际标准的措施应当根据国家立法来进行。

第二十章 允许对环境施加影响的综合许可证

第 99 条 关于允许对环境施加影响的综合许可证

1. 应当将本国国内的生态立法与欧盟立法以及国际立法相协调，将各个单独的允许自然资源使用者排放、排泄、安置废弃物的许可证变更为允许对环境施加影响的综合许可证（以下简称综合许可证）。

2. 必须在考虑环境质量标准和社会经济因素的同时，在技术标准的基础上，根据人类活动在特定领域的最佳可行技术（BAT）来签发综合许可证。

3. 应当向固定的环境影响源签发综合许可证。

第 100 条 过渡到签发综合许可证系统的必要条件

1. 为过渡到向自然资源使用者签发综合许可证的系统，经授权的环境保护领域和生态安全保障领域的国家行政机关应当成立综合许可证签发部门及其地方机关。

2. 综合许可证签发部门的任务包括：组织筹备和签发综合许可证的流程，以及组织准备和管理国家最佳可行技术注册簿（以下简称注册簿）。

3. 注册簿应当根据行业原则，在竞争的基础上进行创建。由综合许可证的签发部门组织和发起有关最佳可行技术的竞争。

第 101 条 制定综合许可证的程序

1. 自然资源使用者必须在获得综合许可证后，方可实施对环境具有影响的经济活动，其中包括采用了最佳可行技术的自然资源使用者。

2. 综合许可证由自然资源使用者本人或者根据自然资源使用者的定购而在该领域拥有充分权限的组织来制定。对制定综合许可证领域的活动采取许可证制度的必要性由本国国内立法进行确定。

3. 自然资源使用的综合许可证应当在最佳可行技术和技术标准的基础上确定自然资源使用条件，其中包括向环境排泄污染物的标准、排放污染物的标准、形成废弃物的标准以及能源消耗标准：

—针对向地表水体排泄污水制定的允许排泄污染物质的最大标准，允许产生废水量的标准；

—针对向大气排放制定的允许排放污染物质的最大标准；

—针对废弃物制定的形成废弃物的标准和安置废弃物的限额；

—针对能源消耗制定的热能消耗标准和电能消耗标准。

4. 在制定综合许可证时，应当考虑自然资源使用者所在地区的当前环境所能承受的人为负荷、居民健康状况、自然资源使用者计划降低环境影响的目标和其他社会因素。

5. 应当对现存企业和计划建成的（重建的）企业制定允许排泄、排放污染物质的标准，形成废弃物的标准以及能源消耗标准：

—在向地表水体排泄污水方面，应当按照每一个污水排泄源所对应的标准化物质分别进行规定；

—在向大气排放方面，应当针对企业组成部分的各项生产和每个企业的整体情况，按照每一种标准化物质来分别进行规定；

—在形成和安置废弃物方面，应当分别针对每一种形成的废弃物来进行规定，并且注明企业整体的废弃物的危险等级；

—在能源消耗方面，应当针对企业整体按照热能和电能分别进行规定。

6. 在生产主要产品时，只能按照生产该产品的工艺所用的主要（优先）物质来制定排泄和排放的标准，该主要（优先）物质的技术标准已规定在注册簿中。

当缺少针对副产品制定的既定技术标准时，自然资源使用者应当根据规定的程序来组织制定和批准该项技术的技术标准。

7. 为达到根据最佳可行技术和技术标准制定的污染物排泄和排放标准、废弃物形成标准、废弃物安置限额、能源消耗标准，自然资源使用者应当制定环境保护措施规划，引入最佳可行技术的措施和（或者）落实其他环境保护项目的措施，并应当注明实施上述措施的期限。

8. 根据企业的技术现况和经济现状、财政潜力和投资机会、环境状况、企业所在地区的区域卫生状况和居民健康状况以及社会因素，分别针对每一个企业单独规定该企业达到（分阶段达到和最终达到）污染物质排泄和排放标准、废弃物形成标准、废弃物安置限额、能源消耗标准既定标准的期限。

在规定的标准有效期截止前，只有在征得自然资源使用者同意的情况下，才能对规定的标准进行重新修订。

9. 考虑到企业分阶段性地达到按照最佳可行技术和技术标准所确定的排泄和排放标准、废弃物安置标准和能源消耗标准的需要，在执行环境保护措施规划期间，可以制定排泄和排放污染物质的临时限额、安置废弃物和能源消耗的临时限额。

10. 在制定临时限额时，应当确定排泄和排放污染物、形成和安置废弃物、消耗能源的条件，在限额有效期间内不能违反（超过）上述条件。

11. 临时限额应当是在考虑到运用最佳可行技术的期限以及实施环境保护规划的期限的情况下，针对当前时期和近期，以及特定的时间段制定的。

根据当前所使用的生产工艺和清洁技术的水平来制定当前时期的临时限额。

根据预测的拟议实施的环境保护措施的有效性、引入最佳可行技术的期限来制定近期的临时限额，该临时限额是确定下一阶段临时限额的依据。

临时限额应当是技术上可达到的，经济上可接受的。

12. 制定临时限额时，应当遵守以下条件：

—具有环境保护措施规划，并且根据计划的期限执行；

—在企业中没有发生灾难情况、紧急情况,在生产设备工作中没有故障,以及污水和大气排放物的清洁和消毒系统没有故障;

—执行生产行为生态监督计划;

—遵守化学物质和生物物质,以及成分中含有该物质的混合物质的处理规范,其中包括废弃物的处理规范;

—履行监督和检查机关的要求、决议和指令。

13. 临时限额不可以:

—超过在确定临时限额时所使用的生产和清洁技术实际达到的排泄、排放污染物和废弃物的数值;

—比现行规定的标准更严格。

如果个别物质(污染指数)实际达到的数值符合现行规定的标准,则无须再针对该个别物质制定临时限额。

14. 在确定临时限额的有效期时,应当考虑企业所在地区的生态状况和卫生流行病防疫状况、拟议实施的活动对周围环境影响的程度、社会因素和经济因素。

15. 不得针对新成立的企业制定临时限额。

第 102 条 签发综合许可证的程序和对执行综合许可证的情况进行监督的程序

1. 应当由综合许可证签发部门的地区机关根据自然资源使用者提交的申请签发综合许可证。

2. 自然资源使用者所采用的技术是否符合被注册簿收录的最佳可行技术,应当由第三方(审计公司或个人审计师)在生态审计和技术审计的过程中予以确认。

审计结果应当附在有关签发综合许可证的申请中。

3. 以下内容为综合许可证的必要组成部分:

—根据最佳可行技术和技术标准确定的排泄和排放污染物质的标准和临时限额,形成和安置废弃物的标准和临时限额,能源消耗的标准和临时限额;

—环境保护的措施计划，其中包括引入最佳可行技术的计划；

—对既定标准的遵守情况和对环境的影响情况进行生产行为生态监督的计划。

4. 为了遵守根据最佳可行技术和技术标准确定的综合许可证的条件、排泄和排放污染物质的标准和临时限额、形成和安置废弃物的标准和临时限额、能源消耗的标准和临时限额，自然资源使用者应当针对环境影响源和环境状况开展生产行为生态监督，并且根据规定的程序向国家生态监督部门提交有关监督结果的报告。

5. 排泄和排放污染物质的标准、形成和安置废弃物的标准以及能源消耗的标准，在下述情况下可以低于根据技术标准所确定的数值：

—当企业安置地区的生态状况和卫生流行病防疫状况为不良状态时；

—当企业安置地区的人为影响已经超过允许的程度，甚至在企业履行污染物排放和排泄含量的行业特定标准的情况下，企业安置地区的人为影响依然超过允许的程度时；

—其他的经济因素、社会因素和生态因素。

第二十一章　环境影响的付费制度和生态税

第103条　环境影响的付费制度

1. 环境影响的类型包括：

—向大气排放污染物质；

—向表层水体、地下水体和集水区排泄污染物质以及微生物；

—地下资源污染以及土壤污染；

—生产和消费废弃物的安置；

—环境噪声、热能、电磁场、电离子辐射以及其他类型物理影响的污染。

2. 在综合许可证规定的范围内产生的环境影响是符合标准的，为此不应当收取费用。

对超出标准产生的环境影响，其中包括在临时限额的范围内的环境影响，均应当收取费用。收费的程序和付款税率均由本国国内立法进行规定。

3. 在实施环境保护的措施规划、引进最佳可行技术和（或者）实施其他环境保护项目期间，在临时限额范围内对环境施加影响的自然资源使用者，可以全部或者部分免除相应的费用。

免除环境影响付费的程序和条件均由国家政府进行确定。

4. 以环境影响付费的形式进入到各等级预算或者非预算基金的资金，只能在有环境保护以及解决保障居民良好卫生状态的任务时，对其进行支出。

第104条　生态税

1. 生态税是指按照已经得到证实的，会对周围环境产生特定不良影响的物体或活动类型所确定好的税基，向各级预算强制性缴纳的非补偿性的款项。

2. 生态税（燃料消费税、电能税、运输税等）均由本国国内税收立法进行规定。

3. 以生态税形式列入各级预算的资金，只能以解决降低作为生态税税基的物体或者活动类型所产生的不良环境影响的相关任务为目的，来对其进行支出。

第二十二章　气候保护、大气臭氧层保护和近地宇宙空间保护的法律原则

第 105 条　气候保护和大气臭氧层保护

1. 可以根据国家参与和签署的国际条约、国际法公认的原则和规则，以及本国立法的规定，通过规制破坏大气臭氧层的物质的生产和使用、减少温室气体排放的方法来保护气候和大气臭氧层，确保其不发生危险性变化。

2. 应当由经授权的环境保护领域的机关在气候保护和大气臭氧层保护领域进行国家管理。

3. 经授权的环境保护领域的机关和其他国家机关，应当根据减少向大气排放温室气体和减少破坏臭氧层物质使用的措施、温室气体排放的监测数据、温室气体排放的监督结果和破坏臭氧层物质的使用结果、国家的国际义务，来制定关于气候保护和大气臭氧层保护的有关国家和行业的专项计划和措施，以及与地方执行机关协商一致共同制定地方专项计划和措施。

4. 根据已通过的计划，经授权的环境保护领域的机关应当针对各个污染源分别制定温室气体的最大允许排放量，协调防止全球气候变化的国际承诺机制（联合执行项目、配额交易等）的执行工作。

第 106 条　保护近地宇宙空间

禁止以填埋为目的将废弃物送到宇宙空间，其中包括放射性材料以及核材料。

第二十三章　保护森林和其他植物免受不良影响的法律原则

第 107 条　森林和其他植物保护关系的规制

植物界(森林)利用领域的关系,森林资源的所有权、合理利用、保护和再生领域的关系,以及提高其生态和资源潜力领域的关系均由国家森林立法进行规制。

与保护森林和其他植物免受不良影响有关的问题,由本法典和本国国内的森林立法进行规制。

第 108 条　在林地上安置房屋、设施和其他客体时应当遵守的生态要求

1. 在林地上安置房屋、设施和其他客体时,应当保障实现环境保护领域的要求,并且应当考虑到上述客体的使用所带来的近期和远期的生态、经济、人口以及其他后果,还应遵守优先保护良好自然环境、生物多样性、自然资源的合理利用和再生的原则。

2. 在正在由林地向其他类别过渡的林地上安置房屋、设施和其他客体时,应当在持有国家生态鉴定正面结论的情况下,根据国家森林立法和土地立法规定的程序进行。

3. 在林地上安置线路设施(铁路、公路、水渠、管道)时,应当考虑保留原始林区的面积以保障"生态框架"的存在。保留的自然区的面积应

当确保各类本土生物能够在此栖息。

第109条　在实施森林主伐、森林抚育采伐和森林卫生采伐时应当遵守的生态要求

应当根据本国国内的森林立法对森林进行主伐、抚育采伐和卫生采伐。

第110条　在使用森林储备区的森林时应当遵守的生态要求

在使用森林储备区的森林时,森林使用者:

—在开展工作时,应当采取措施预防水土流失的发生、排除或者限制对森林状况和森林再生以及水体和其他自然客体的状况产生的不良影响,并且保护动物界及其栖息地;

—在采伐木材时,应当使用经过国家生态鉴定的技术和工艺,遵守有关保护森林自然再生的最佳条件的要求;

—在规定的采伐期和运出期截止时,不得将未彻底砍伐和已采伐的木材留在采伐地;

—在采伐木材的同时,应当清理伐区的采伐残留物;

—禁止在专门划分出来用于森林使用的森林储备区内,从事非法的森林采伐活动,以及其他违反生态立法规定的活动;

—在国家森林储备区实施森林主伐时,应当根据森林经营计划的安排来开展森林再生活动;

—在因其活动导致苗木灭失、乔木植被和灌木植被死亡的采伐迹地和区域内,应当自筹经费来开展森林再生的活动;

—应当遵守有关保障和改善森林卫生状况的规章;

—在长期使用森林时,应当采取措施以保护森林储备区远离病虫害。

第111条　在使用城市森林和森林公园时应当遵守的生态要求

1.位于城市居民区范围内的森林(城市森林和森林公园)是用于居

民休息、进行文化保健活动和体育运动，以及保护良好周围环境的森林。

2. 禁止在城市森林中进行与该森林用途不符的森林主伐和其他类型的森林使用活动。

第 112 条 在保护、防护和使用铁路、公路、水渠、主要管道以及其他线路设施用地带的防护林带时应当遵守的生态要求

1. 位于铁路、公路、水渠、主要管道和其他线路设施用地带的防护林带是用于保护上述客体免受不良环境现象影响、预防环境污染和降低噪声影响的防护林带。

2. 在铁路、公路、水渠、主要管道和其他线路设施用地带的防护林带上，允许进行森林抚育采伐、森林卫生采伐，与重建利用价值不高的植物相关的采伐，同时允许进行与重建已丧失防护功能、水资源保护功能以及其他功能的植物相关的采伐，以及根据该防护林带的建设项目的要求进行的其他采伐。

3. 根据本法典规定，在本条第 1 款中指出的防护林带的保护和使用均由该防护林带所在土地上的土地使用者进行落实。

第二十四章　保护动物界免受不良影响的法律原则

第 113 条　动物界保护关系的规制

动物界利用领域的关系，动物界客体的所有权、合理利用、保护和再生领域的关系均由国家关于动物界保护、再生和利用的立法进行规制。

与保护动物界客体及其生存环境免受不良影响相关的问题均由本法典，本国国内有关动物界保护、再生和利用的立法进行规制。

第 114 条　在对动物界客体进行一般利用时应当遵守的生态要求

1. 根据本国国内的有关动物界保护、再生和利用的立法的规定，对动物界客体进行一般利用时，不得将动物界客体从自然环境中迁出。

2. 按照动物客体一般利用的程序，为实现对有益于动物生命活动的特质的利用，也可以将动物客体用于科学、文化、教育、美学以及其他国家立法法规未禁止的目的。

3. 在对动物界客体进行一般利用时，禁止消灭动物，破坏动物的家园以及其他设施；禁止在动物繁殖期间使其受到惊扰，破坏动物的生存环境或者使动物的繁殖条件发生恶化（其中包括靠近动物的休眠地）。

第115条　在居民点、企业、铁路、公路、主要管道、电线和通讯线、水渠、水坝、其他设施和客体安置、设计和建设时应当遵守的生态要求

1. 在安置企业、设施和其他客体,以及在投入影响或可能影响动物界状态的新技术、工艺、材料和物质时,应当征得经授权的动物界保护、再生和利用领域的机关以及经授权的环境保护领域的机关的同意。

2. 在缺乏确保能够保护动物及动物生存环境的方法时,禁止将该客体投入使用,禁止运用该项工艺。

3. 在安置、设计和建设居民点、企业、设施和其他客体时,在完善现有的工艺流程和将新的工艺流程投入使用时,在将处女地、沼泽地、沿岸地和灌木林覆盖区投入经济流通时,在对土地进行土壤改良时,在使用森林和开展森林活动时,以及在进行地质勘探工作、开采矿产、确定放牧地和赶放家畜地、开发旅游线路、组织居民休息地时,应当制定并且落实与保护动物生存环境和繁殖条件、保障对保护动物界具有特殊价值的地区不受侵犯相关的措施。

4. 在安置线路设施(铁路、公路、运河、管道等)时,应当考虑到尚未开发的动物自然生活环境的区域的面积,以保障"生态框架"的存在。该自然环境区域的面积应当能够满足本土动物生活所需,并且应当保留本土动物的迁徙路径。

5. 在对建设和改造企业、设施和其他客体的项目进行生态鉴定时,以及在投入使用新技术、工艺、材料和物质时,必须考虑其对动物界状态的影响、对动物生存环境的影响、对动物迁徙路径的影响以及对动物繁殖条件的影响。

6. 企业、单位、组织和自然人在实施任何影响或可能影响动物界状态的活动时,均应当确保动物的生存环境、繁殖条件和迁徙路径受到保护,并且在生产过程中(其中包括储存、运输、使用对动物具有危险的制剂、化学物质和化合物,贮存和处置废弃物,开展农业工作、林业工作、木材采伐工作和其他工作的过程中),在使用电网和交通工具时,采取措施以预防动物的死亡。

7. 国家立法应当限制在动物繁殖地进行爆破作业以及开展其他属于

高噪声源的作业。

8. 在水体上运行水利工程设施和其他设施时，在建立水利工程制度和用水制度时，以及在从事其他影响或可能影响野生动物生存状态的活动时，应当考虑到动物界保护的要求以及渔业和猎业的利益。

第 116 条　在切割芦苇和焚烧干枯植物时应当遵守的生态要求

只有在有经济需要时，根据经授权的环境保护领域的地方机关和消防部门签发的相关许可证，并且在制定了野生动物群保护措施的情况下，方可对芦苇进行切割，对干枯植物或干枯植物残留物进行焚烧。

第 117 条　在运输、贮存和使用植物保护产品、矿物肥料以及其他用于生产经营活动的制剂，以及在创造新制剂时应当遵守的生态要求

1. 在运输、贮存以及使用植物保护产品、矿物肥料以及其他用于生产经营活动的制剂，以及在创造新制剂时，企业、单位、组织和自然人应当遵守运输、贮存以及使用上述制剂的规则，并且采取措施以预防发生动物患病和死亡的情况。

2. 在创造新制剂时，应当制定在环境中使用该种新制剂的标准。

3. 为预防出现动物死亡及其生存环境发生恶化的情况，经授权的环境保护领域的机关可以划定单独的区域以限制或者禁止在该区域范围内使用化学杀虫除莠剂和农业化学品。

4. 禁止：

—使用有毒化学制品猎获动物界客体（在消灭啮齿类动物时使用有毒化学制品，以及经授权的动物界保护、再生和利用领域的机关同意，在发生大规模的流行性狂犬病和其他动物疾病时使用有毒化学制品的情况除外）；

—在各类型的用于保护动物界和使自然系统保持自然状态的特别自然保护区的保护制度地带上，在迁徙期和繁殖期动物大规模聚集休眠的地带上，以及在对野生动物生存环境具有特殊价值的地块上，在野生动物和濒危动物的人工繁殖地和栖息地上使用化学杀虫除莠剂（有毒化学制品）、矿物肥料和其他制剂；

—在农业用地以及其他用地的土地表层上残留未嵌入土壤的并且可供野生动物食用的用消毒药物浸泡过的种子。

5. 为了保护鱼类和其他水生动物的生存环境免受化学杀虫除莠剂（有毒化学制品）的污染，应当在渔业池塘的四周建立卫生区。卫生区的面积应当由地方行政机关同经授权的环境保护领域的机关以及经授权的动物界保护、再生和利用领域的机关一同协商确定。

6. 如果卫生区距离渔业池塘岸边的距离不足 2000 米，则在该卫生区内禁止：

—使用空中喷洒的方法来防治植物病虫害和除杂草；

—建造用于贮存化学杀虫除莠剂（有毒化学制品）、矿物肥料和其他制剂的库房，建造用于空中化学作业的起降场地，以及建造用于向地面设备填充化学杀虫除莠剂（有毒化学制品）的场地。

第 118 条　在管理猎业和渔业时应当遵守的生态要求

在对猎业和渔业进行管理时，应当提出以下要求：

—合理使用动物界的客体，不允许使动物生存环境的生态状况发生恶化；

—遵守关于捕获猎物既定的规则、条例、临时限额及期限；

—对特定区域的动物界的客体进行保护，其中包括野生动物和濒危动物；

—采取旨在恢复野生动物的繁殖（其中包括人工恢复野生动物的繁殖）、保护和改善野生动物生存环境的综合性措施；

—禁止在未经授权的情况下，对动物进行迁移或者驯化；

—采取措施以执行全国性的和地方性的有关动物界保护、再生和利用问题的生态规划；

—及时通知经授权的动物界保护、再生和利用领域的机关，经授权的居民卫生流行病防疫的机关以及经授权的防治家畜疾病领域的机关查明关于动物疾病，动物生存环境状况发生恶化、发生会导致动物死亡以及灭绝的危险情况，采取综合性的措施预防和防治疾病；

—在动物界客体的生存状况和条件发生恶化、再生能力下降时，以及在出现动物灭绝的危险时，自主停止动物界客体的使用，并且及时采取措施以消除对动物及动物生存环境造成的不良影响。

第119条　土著少数民族和少数族群参加动物界客体保护和利用、动物界客体的生存环境的保护和重建工作

1. 组成土著少数民族和少数族群的，并且其生存和收益完全或者部分是建立在其祖先的传统生活保障体系(其中包括狩猎、捕鱼以及采集)之上的公民享有使用传统方法捕获动物界客体以及动物制品的权利，前提是该方法不会直接地或者间接地导致生物物种多样性降低，不会导致动物界客体的数量缩减和阻碍动物界客体的可持续性再生，不会破坏动物的生存环境并且不会给人类造成危险。

上述公民可以以个人的方式，也可以通过创建不同基础的联盟(家庭联盟、氏族联盟、区域经济共同体、猎人协会、采集者协会、渔业协会和其他协会)，以集体的方式实现上述权利。

对利用和保护动物界及动物界生存环境的传统方法进行保护和鼓励时，应当遵守动物界可持续生存和可持续利用的要求。

2. 土著少数民族和少数族群的与众不同的文化和生活方式包括保护和利用动物界客体的传统方法，属于该居民群体的公民及其联盟享有在传统居住地和生产经济活动区域上优先使用动物资源的权利。

优先使用动物资源的权利包括：

—为属于本条第1款中所述的居民群体及其联盟的公民提供首先选择渔猎用地的权利；

—在猎取动物界客体的期限和地区方面，猎取的动物界客体的性别、年龄组成，猎取的动物界客体的数量方面，以及获得动物制品方面，给予特权；

—猎取动物界中特定的客体及获取其制品的特殊权利；

—经授权的动物界客体及其生存环境保护、监测和管理领域的专门的国家机关同意的动物界的其他使用类型。

优先使用动物资源的权利适用于属于本条第1款中所述的居民群体的公民，以及适用于长期固定生活在该领域的，并且依法被纳入本条第1款中所述的居民群体之一的其他公民。

如果按照传统，两个或者两个以上的居民群体分布在同一地区，并且在该同一个区域从事传统的经济活动，则无论是本条第1款中所述的公民，还是其他公民，均享有优先使用动物资源的权利。该权利的适用范围由上述居民群体以互相协商的方式来确定。

禁止将优先使用动物资源的权利转让给非本条第1款中所述的公民和法人。

第二十五章　受到特殊保护的自然客体

第 120 条　自然客体的保护措施

1. 具有特别的环境保护意义、科学意义、历史文化意义、美学意义、休闲意义、保健意义以及其他重要意义的自然客体应当受到特殊保护。为了保护上述自然客体应当建立特殊的法律制度,其中包括建立特别自然保护区。

2. 建立特别自然保护区的程序以及运营特别自然保护区的程序应当由本法典以及有关特别自然保护区的立法进行规定。

3. 国家自然保护区,其中包括国家自然生物环境保护区、国家禁渔禁伐禁猎区、自然古迹、国家公园、树木园、自然公园、植物园和其他特别保护区,具有特别的环境保护意义、科学意义、历史文化意义、美学意义、休闲意义、保健意义以及其他重要意义的自然客体,组成自然保护储备。

4. 禁止没收自然保护储备区的土地,国家法律另有规定的情况除外。

5. 不得对位于具有特别的环境保护意义、科学意义、历史文化意义、美学意义、休闲意义、保健意义以及其他重要意义的,并且受到特别保护的自然客体所在的区域范围内的土地进行私有化。

第 121 条　保护自然客体的法律制度

1. 保护自然客体的法律制度应当由本法典、有关自然遗产和文化遗产的立法,以及其他立法来进行规定。

2. 禁止从事会对周围环境造成不良影响的,以及会导致具有特别的环境保护意义、科学意义、历史文化意义、美学意义、休闲意义、保健意义以及其他重要意义的,并且受到特别保护的自然客体发生退化和(或者)毁灭的经济活动和其他社会活动。

3. 为了保护以及改善作为珍稀动物或者濒危动物以及其他珍贵动物的生存环境来说具有特别价值的特别自然保护区的生态状况,经授权的环境保护领域的机关会同经授权的特别自然保护区领域的机关,可以针对该区域制定并实施较本国所有领土来说更为严格的生态标准。

第122条　应当受到专门保护的自然区域

为了保护国家环境的有益质量,应当划分出受到专门保护的自然区域。

应受专门保护的区域有:疗养区、休息区、水源保护区、河流和水库的沿岸带、治疗矿泉水和治疗腐泥产地的卫生保护区、水体卫生保护区、用于生活饮用水供应的水客体的卫生保护区、水源地的卫生保护区、水源涵养林(禁伐林带和位于河流、湖泊、水库以及其他水体沿岸的水源保护区范围内的森林)、防护林(水土保持林、公共铁路和公路沿线的森林防护带)、卫生保健林[城市森林,环城市绿化区的森林,围绕在其他居民点四周的绿化区的森林和围绕在生产客体四周的绿化区的森林,其中包括绿化区的森林公园部分的森林,供水水源的卫生防护一区带和二区带的森林以及卫生防护疗养林区(疗养林)]、城市公园、被保护的典型和珍稀的自然景观,以及其他建立了专门保护和利用制度的区域。

专门保护上述区域的法律制度应当由本国国内的立法进行规定。

第123条　保护珍稀和濒危动植物以及其他生物

1. 为了保护和统计珍稀和濒危的动植物以及其他生物,编制国家红皮书和按行政区域划分的国家主体的红皮书。被列入红皮书的动植物以及其他的生物种类不得用于生产经营。为保护珍稀和濒危的动植物以及其他生物,属于珍稀和濒危的动植物以及其他生物物种的遗传基因应当保存在低温基因库中,同时也应保存在人造生存环境中。禁止从事会导致珍稀和濒危的动植物以及其他生物的数量减少或使其生存环境恶化的活动。

2. 保护珍稀和濒危的动植物以及其他生物的程序，管理国家红皮书和按行政区域划分的国家主体的红皮书的程序，以及在低温基因库和人造生存环境中保存珍稀和濒危的动植物以及其他生物的遗传基因的程序，均通过立法来进行确定。

3. 向国家运入、从国家运出和通过国家中转运输珍稀和濒危的动植物和其他生物、具有特殊价值的珍稀和濒危的动植物及其他的生物种类（其中包括受到国家签署的国际条约保护的动植物以及其他生物），以及上述珍稀和濒危的动植物和其他生物的流通，应当在遵守国际法普遍认可的原则和规则的同时，由本国国内的立法进行规制。

第二十六章　预防和制止生态违法和生态犯罪的法律保障

第124条　环境保护领域的违法(生态违法)

环境保护领域的违法(生态违法)是指:

—违反环境保护领域的规范性法律文件;

—未履行生态安全要求;

—在规划项目时,在对项目进行技术经济论证时,在设计、安置、建设、改建、投入使用、使用企业、设施或其他客体时未遵守生态要求;

—未履行国家有关进行强制性生态鉴定的立法要求,对应当进行国家生态鉴定,但却未获得国家鉴定正面结论的项目、规划和其他文件进行落实,或者对该项目、规划和其他文件给予资金支持;

—违反排放许可证、排泄许可证、安置废弃物许可证的条件;

—在处理生产和消费废弃物时,或者在处理其他危险物质时,未遵守生态和卫生流行病防疫的要求;

—违反化学杀虫除莠剂和农业化学用剂的处理条例;

—违反安置废弃物的条例;

—物理影响(声影响、电磁影响、热能影响、辐射影响)对环境污染的程度超过规定的标准;

—违反特别自然保护区的保护和使用制度;

—违反土地使用程序以及未履行有关保护土地方面的要求;

—未遵守有关地下资源和水矿资源使用方面的要求；

—未履行有关已暂停开采或者已停办的矿山和钻井的安全保障方面的要求；

—违反地下资源保护和使用的条例；

—违反森林使用、造林、森林再生、提高森林的生产力和质量的条例；

—违反采伐储备资源的使用程序；

—非法消灭或者损害灌木或者其他植物；

—违反菌类、其他野生植物或者部分菌类、其他野生植物的收购、采集或者采购条例；

—擅自采集或者消灭被列入国家红皮书中的野生植物及其部分，或者从事会致该野生植物死亡、数量减少或者破坏其生长环境的其他行为；

—擅自采集、消灭或者损害森林枯枝落叶层或者植物地被覆盖层；

—未履行森林或者泥炭田的防火安全要求；

—焚烧干枯的植被、草藤和谷茬，以及土地上的作物秸秆，或者未采取措施以消除火灾；

—在禁区内点燃篝火；

—污染森林以及其他树木—灌木植被；

—未履行有关保护珍稀和濒危动植物或者珍稀和濒危动植物的栖息地和生长地方面的要求；

—违反国家有关保护野生动物及其生存环境的立法；

—非法从国家运出以及向国家运入野生动植物；

—消灭珍稀和濒危动物，或者从事其他会导致珍稀和濒危动物死亡、数量减少或者破坏珍稀和濒危动物的生存环境的活动；

—违反渔业条例以及鱼类资源保护条例和水生物保护条例；

—非法制造、持有、储存或者销售捕鱼和捕猎其他水生物的违禁器具；

—违反狩猎条例；

—污染大气，违反使用条例，以及未使用用于净化大气污染物和监测大气污染物排放的设备；

—生产、投入使用或者使用超过化学物质允许排放标准的移动源；

—违反国家有关臭氧层保护的立法；

—违反国家环境状况及污染状况观测站点以及其他水文气象客体的保护区的利用程序；

—污染水，违反水资源的使用条例；

—污染海洋环境；

—违反国家关于大陆架和专属经济区的立法；

—违反水利设施和设备的使用条例，损害水利设施和设备或者擅自将其接通；

—擅自剔除或者转移土壤肥沃层；

—在贮存、使用和运输肥料、植物生长刺激剂、有毒化学制剂和其他危险化学物质或者生物物质时，由于违反上述物质的处理条例而致使经济活动或者其他社会活动所使用的有害产品毒化、污染或者损坏土地；

—未履行土壤改良系统和水利工程设施的使用要求；

—隐瞒、故意歪曲和(或者)未及时传达有关环境状况和环境污染以及环境污染源的信息、自然资源状况以及自然资源使用和保护的信息。

国家可以通过立法对环境保护领域的其他违法情况作出规定。

第 125 条　环境保护领域的犯罪(生态犯罪)

如果第 124 条中所列举的行为引发了下列后果，则该行为构成环境保护领域的犯罪(生态犯罪)：

—有对环境和人类健康造成实质性损害的威胁；

—环境质量发生实质性恶化，或者环境客体的状况发生实质性恶化，并且消除上述恶化后果需要很长的时间及大量的财力和物力；个别客体的灭失；土地出现退化，以及发生其他阻碍环境保护和合理利用的不良环境变化；

—水生动植物、水体沿岸的其他动物和植被患病或死亡，鱼类资源的消失，鱼类产卵地和育肥地的消失；

—在一定区域范围内禽类和动物(其中包括水生物)的大规模死亡

(该禽类和动物的死亡率超过平均统计数据的3倍及3倍以上),或者在特别自然保护区或在世界自然遗产客体所在的区域内发生大规模死亡的情况。

第126条 对环境造成损害的责任类型

1. 给环境和人类健康造成损害的过错方,应当根据本国立法规定的相关的行政责任和刑事责任接受行政处罚(针对自然人和法人)或刑事处罚(针对自然人)。

2. 追究过错方损害环境和人类健康的责任,并不意味着能因此而免除过错方的损害赔偿责任,以及落实有关环境保护和生态安全保障的措施的责任。

第127条 赔偿因违反生态立法而造成的损失的义务

1. 生态违法者应当根据本法典和本国国内其他立法的规定,对其造成的损失进行赔偿。

2. 根据本国国内的立法规定,可以依照自愿原则或者根据法院裁决对自然人的健康损害、自然人和法人的财产损失,以及国家的财产损失进行赔偿。

3. 如果不能证明损害的发生是不可抗力引起的,或者是受害人故意引起的,则其活动与高度生态危险源有关的法人和自然人,应当对高度生态危险源所造成的损害进行赔偿。

损害赔偿的责任应当由拥有高度生态危险源的所有权、经营权、管理权或者其他任何合法权利的主体来承担。

第128条 环境损害的赔偿

1. 经当事各方协商一致,并根据法院的裁决,可以通过实物的形式或者价值的形式,由造成环境损害的一方以个人资金或者保险金来对环境损害进行赔偿。

2. 损害赔偿的实物形式,是指重建环境的措施,以使环境的状况恢复到损害发生之前的状态;提供等价的自然资源来替代已消亡的或者已受到损害的自然资源。

3. 损害赔偿的价值形式,是指用于恢复环境至损害发生之前的状态,落实自然资源再生的措施,赔偿原告的其他损失(其中包括可得利益损失)的资金。

4. 环境损害赔偿的数额大小,可以根据本国立法规定的定价和方法来计算;如果没有相应的定价和方法,可以根据修复环境受损状态的实际花销和可得利益损失来确定。

第 129 条　赔偿因对环境施加有害影响而对公民的人身和财产造成的损害

1. 根据本国国内的立法,可以自愿地或者根据法院的裁决,对自然人的健康损害、自然人的财产损失进行赔偿。

损害赔偿应当是全面的,并且要考虑到受害人丧失劳动能力的程度、治疗费用、康复费用、护理费用以及其他的费用和损失。

2. 赔偿因违反生态立法而造成的精神损害,应当按照本国民事立法规定的程序进行。

第 130 条　解决生态纠纷的程序

1. 仲裁法院以及其他法院可以根据本国立法规定的程序来解决生态纠纷。

2. 当事各方有权利根据本国立法规定的其他程序来解决生态纠纷。

3. 生态法律关系主体之间的生态纠纷可以通过谈判(其中包括聘请专家),或者根据当事各方事先前达成协议的纠纷解决程序来解决纠纷。

第二十七章　生态领域的国际合作

第131条　生态领域国际合作的原则

1. 国家可以根据国际法普遍认可的原则和准则，以及国家在环境保护领域和生态安全保障领域、合理使用自然资源领域签署的国际公约和条约来开展生态领域的国际合作。

2. 国家应当促进确保集体生态安全的国际体系的建立。

第132条　生态领域的国际公约

1. 在通过相关规范性法律文件之后，本国加入的生态领域的国际公约可以适用于其规制的生态法律关系。

2. 生态领域的国际公约规定的标准和条例与本国国内生态立法规定的标准和条例不一致时，应当优先适用国际公约规定的标准和条例。

第133条　生态领域的国际条约

1. 国家在生态领域签署和加入的国际条约，如果不需要颁布内国法律法规便可以直接适用的，则可将其直接适用于其规制的生态法律关系。在其他情况下，除了适用生态领域的国际条约之外，还可以适用为了落实国家签署和加入的国际条约中相关的条例而通过的规范性法律文件。

2. 生态领域的国际条约规定的条例与国家生态立法规定的条例不一致时，应当优先适用国际条约中规定的条例。

第二十八章　附　　则

第 134 条　本示范法典的地位

本示范法典具有与国际条约同等的地位。

第 135 条　本示范法典的效力

本示范法典自其正式公布之日起即刻生效。

专业术语对照表

俄文	中文
А	
аварийное загрязнение окружающей среды	事故性环境污染
ант ропогенный объект	人造客体
Б	
биологическое разнообразие	生物多样性
благоприят ная окружающая среда	良好环境
В	
воздейст вие	施加影响
вред окружающей среде	环境损害
вт оричное загрязнение вод	水体二次污染
выброс	排放
Г	
гигиенический нормат ив	卫生标准
Д	
дост уп к экологической информации	生态信息的获取
Е	
ест ест венная экологическая сист ема	自然生态系统
З	
загрязнение	污染
загрязняющее вещест во	污染物
знак соот вет ст вия	合格标志

续表

俄文	中文
зона экологического бедст вия –	生态灾难区
И	
информационный экологический регист р	生态信息登记局
использование природных ресурсов	自然资源的使用
ист очники повышенной опасност и	高度危险源
К	
качест во окружающей среды	环境质量
компонент ы природной среды	自然环境要素
конт роль в област и охраны окружающеи среды	环境保护领域的监督
Л	
лимит ы на выбросы и сбросы	排放和排泄的限额
лицензия	许可证
Н	
наблюдат ельная сет ь	监控网络
наилучшая дост упная т ехнология	最佳可行技术
наилучшая природоохранная практ ика	最佳自然保护实践
негат ивное воздейст вие на окружающую среду	对环境施加的不良影响
нормат ивы в област и охраны окружающей среды	环境保护领域的标准
нормат ивы допуст имого воздейст вия на окружающую среду	对环境可允许施加影响的标准
нормат ивы допуст имой ант ропогенной нагрузки на окружающую среду	对环境可允许施加人为负荷的标准
нормат ивы допуст имых выбросов и сбросов химических вещест в	允许排放和排泄化学物质
нормат ивы допуст имых физических воздейст вий	允许施加物理影响的标准

续表

俄文	中文
нормат ивы качест ва окружающей среды	环境质量标准
нормат ивы предельно допуст имых концент раций химических вещест в	允许含有化学物质的最大允许浓度标准
О	
обеспечение экологической безопасност и	生态安全保障
обращение с от ходами	废弃物管理
объект ы экологической информации	生态信息客体
обязат ельное экологическое ст рахование	强制性生态保险
окружающая среда	环境
опасные вещест ва	危险物质
особо опасное вещест во	特别危险物质
особо охраняемые природные т еррит ории	特别自然保护区
от ходы производст ва	生产废弃物
от ходы пот реблени	消费废弃物
от ходы коммунально - быт овые	公共生活废弃物
охрана окружающей среды	环境保护
оценка воздейст вия на окружающую среду	环境影响评价
П	
право на экологическую информацию	生态信息权
предельно допуст имые концент рации химических вещест в	化学物质的最大允许浓度
предельно допуст имая (крит ическая) нагрузка	最大允许(临界)负荷
предельно допуст имый выброс	最大允许排放量
предельно допуст имый сброс	最大允许排泄量
предупреждение чрезвычайных сит уаций	预防紧急情况
природно - ант ропогенный объект	人工自然客体
природные ресурсы	自然资源

续表

俄文	中文
природопользоват ель	自然资源使用者
природопользование	自然资源使用
природоохранные т ребования	自然保护要求
продукция (работ ы, услуги) природоохранного назначения	自然保护意义的产品(工作、服务)
Р	
разрешение	许可证
С	
санит арно – эпидемиологические правила и нормат ивы	卫生流行病防疫条例和标准
санит арно – эпидемиологический надзор	卫生流行病防疫督察
санит арно – защит ная зона	卫生防护区
сброс	排泄
субъект хозяйст венной и иной деят ельност и	经济活动和其他社会活动主体
Т	
т ехнологический нормат ив	技术标准
т рансграничное загрязнение	跨境污染
т рансграничное перемещение от ходов	废弃物跨境转移
т ребования в област и охраны окружающей среды	环境保护领域的要求
У	
управление окружающей средой	环境管理

爱沙尼亚环境法典（总则）

张忠利　译
张忠利　石统文　校

译者序

党的十八大以来，在以习近平同志为核心的党中央关于“保护生态环境必须依靠制度”“建立系统完整的生态文明制度体系”等重要思想指引下，我国生态环境法律制度体系不断健全和完善，但是其体系内部各具体制度之间也迫切需要进一步整合和协调。制定环境法典，是实现环境法律制度体系优化的重要路径。爱沙尼亚从2000年开始启动制定环境法典的相关工作，并于2014年颁布《爱沙尼亚环境法典（总则）》，其立法过程和法典内容可以为我国通过制定环境法典而构建完整、优化的环境法律制度体系提供重要启发。

一、《爱沙尼亚环境法典（总则）》的制定背景

爱沙尼亚与拉脱维亚、立陶宛并称“波罗的海三国”，1940年成为苏联加盟共和国，于1991年苏联解体之后宣布独立，2004年加入欧盟成为其成员国，因此，该国法律受德国、苏联、欧盟等法律传统的影响。自2000年起，爱沙尼亚学者就开始进行有关制定爱沙尼亚环境法典的研究，并成立了两个法典起草工作组，分别负责起草爱沙尼亚环境法典的总则和分则。2007年，爱沙尼亚官方正式启动环境法典起草工程。2011年，爱沙尼亚完成了环境法典起草工作的首期工程，即颁布通过《爱沙尼亚环境法典（总则）》，并且该法已经于2014年生效实施。至于该环境法典的分则，尚处于立法过程之中，爱沙尼亚立法机关尚未给出明确的颁布日期。

爱沙尼亚之所以较早启动环境法典的立法工作，除与国内立法机关

和学者的积极推动有关外,与该国的地理区位、国际关系、在世界范围内不断扩大的环境法典化运动也有密切关系。爱沙尼亚属于东欧国家,与俄罗斯接壤,其地理区位使该国必然与西欧、中亚等国家保持着密切沟通与交往。早在20世纪90年代,德国就开始研究制定环境法典,其国际示范效应不容低估。1995年,由“环境法修订大学间委员会”主办,以环境法典化问题研究为目的的国际会议表明:在当时,瑞典、德国、荷兰、丹麦、法国等很多国家都在进行环境法典的起草工作。其后,作为中亚国家的哈萨克斯坦在2007年制定了环境法典,在这一期间,俄罗斯也正在进行制定生态法典的相关研究工作。

在制定环境法典之前,爱沙尼亚生态环境立法在整体上存在过度规制和缺乏稳定性等问题。在过度规制方面,由于爱沙尼亚的环境法律为在不同时期基于不同原则而制定,因此,环境法律制度相互之间缺乏衔接和协调,诸如许可证等的制度规定过于繁杂、严重碎片化,造成对企业的重叠规制,增加了环境执法、司法和守法的成本和难度。在环境法制缺乏稳定性方面,这主要表现在环境法律体系过于具体烦琐、缺乏抽象提炼,导致环境立法缺乏适应性而频繁修改;同一概念术语在不同环境立法的使用较为混乱,缺乏协调一致;新型环境治理市场机制(如环境税制度)与传统监管型机制(如排污标准制度)之间缺乏充分协调与配合。这正是推动爱沙尼亚制定环境法典的主要原因。

二、《爱沙尼亚环境法典(总则)》的主要内容

目前,《爱沙尼亚环境法典(总则)》共包括6章,总计63条规定。该法至今已经先后进行了11次较小幅度的修改。修改后,该法增加了国家监督管理和法律责任方面的法律规定。

第一章为一般规定,主要对立法目的、适用范围、重要概念等进行了规定。该法的立法目的在于,最大可能地降低环境妨害,以保护环境、人体健康、福利、财产和文化遗产;促进可持续发展,以确保环境能满足今世后代人们的身体健康和福利需求;对生物多样性进行养育和保护;使环境

处于良好状态;预防环境损害,并且对已发生的环境损害进行救济。该法还对环境妨害、环境风险、环境威胁、设备与经营者、排放、排放限值、环境质量限值、污染行为与污染结果等重要概念进行了定义。

第二章对环境保护的原则与主要义务进行了规定。按照该法规定,环境保护应当坚持高水平和一体化环境保护原则、融入原则、预防原则、风险预防原则、使用者付费原则、节约利用自然资源原则;任何人都应当承担保护环境的一般义务即注意义务,并且在进行可能引发环境危害的活动之前,负有获取相应的预防该环境威胁发生的知识的义务。

第三章系对运营者义务的集中规定。按照该法规定,运营者应当承担的法律义务包括:预防环境威胁和采取风险预防措施的义务,节约使用原材料、自然资源和能源的义务;在进行生产设备选址时,必须要最大限度地满足降低环境风险,必须在合理程度上确保对运行该设备的人员进行环境保护培训;在设备发生重大环境妨害时,必须尽快通知环境监察员或者法律规定的其他机关;在该设备终止运行时,必须确保不会发生重大环境妨害。

第四章对公众的环境权利进行了全面、系统且细致的规定。该章包括两节,分别对满足健康和福利需求的环境权与环境程序权、使用属于他人土地和水体的权利进行了规定。在环境权方面,该法不仅规定了公众所应当享有的程序环境权即环境信息获取权、环境决策参与权以及诉诸司法的权利,而且还对公众享有的实体环境权进行了规定。该法还明确规定了政府环境组织在环境保护方面所享有的权利。在使用他人土地和水体的权利方面,该法对在他人土地上逗留、使用他人土地上的道路、拣拾他人土地上的浆果或蘑菇等自然产品、在他人土地上短暂宿营和长久停留、在他人土地上生火、对水体的公共利用、对河滩或者河堤道路的管理与使用等进行了规定。

第五章对环境许可证的实体和程序法进行了全面规定。按照该法规定,爱沙尼亚环境保护许可证主要包括环境许可证、综合环境许可证、为降低从事某一领域活动的环境风险而由法律规定的其他许可证等三种类型。该章主要规定了环境许可证的申请、地方行政机关的意见、公开程序和不公开程序对利害关系人的参与、环境许可证申请书及其行政决定的公开、作出环境行政许可的时限、环境许可证的部分授予以及环境许可证的宣布、修改、暂停与撤销等内容。

另外,该法还对国家的监督管理、法律责任等内容进行了规定。在国家的监督管理方面,该法对国家监督管理的行政机关、可以采取的特别措施、国家监督管理权的详细内容、国家强制措施的使用等进行了规定。

三、《爱沙尼亚环境法典(总则)》的评价与启示

(一)对《爱沙尼亚环境法典(总则)》的评价

总体来看,《爱沙尼亚环境法典(总则)》较为凝练,较好地实现了立法机关预定的统一法律概念、整合环境法律制度、优化环境法律体系、降低环境守法和执法成本和难度等立法目的。

首先,该法创设了主观公权利性质的实体环境权。该法第23条规定公众享有满足其健康和福利需求的环境权利:(1)任何人有权希望与其直接相关的环境能够满足其健康和福利需求。(2)如果某人经常停留在某一受影响的环境,或者经常使用受影响的自然资源,或者与该被影响的环境有特殊关联,则该环境与其直接相关。(3)在适用第2款时,可能受影响的环境或者自然资源也被视为受影响的环境或者自然资源。(4)在评价该环境是否满足人们的健康和福利需求时,需要考虑其他人的权利、公共利益和该区域的特点。如果超过环境质量之限值,则推定该环境没有满足人们的健康和福利需求。(5)为支持该条第1款中规定的权利,某人可以要求行政机关保护某一环境免受损害,并且采取合理措施确保该环境满足其健康和福利需求。该条规定的重要意义在于,该环境权不仅属于实体环境权,而且属于行政法上的主观公权利,具有可诉性,而且能够强制执行。

其次,该法典建立了整合的环境许可证制度。其第五章整合了现有环境许可证的法律规定,其重要制度创新主要表现在下列几方面:(1)建

立了综合环境许可证制度，该制度要求就计划进行的活动对各环境要素（包括水、大气、土壤等）的影响进行一体化评价，避免环境影响在环境要素之间进行转移；(2) 环境许可证可以同时授权进行多项活动，即同时授权许可证申请人或者持有人从事对水体的特别利用、向大气排放污染物、废弃物管理、采矿、从事放射性活动等活动；(3) 颁发环境许可证必须遵守的正当法律程序，即环境许可证颁发机关对环境许可证申请，必须通过公开程序征求公众意见，或者征求其权利或者义务可能受到颁发或者拒绝颁发许可证影响的利害关系人的意见。

最后，该法在集中规定环境法主体的义务和权利方面的立法体例非常新颖。该法在对立法目的、适用范围、重要概念作出规定之后，先是对环境法的基本原则进行了规定，然后对环境法主体的一般法律义务、经营者的具体法律义务包括非政府环境组织在内的公众所享有的实体环境权与程序环境权进行了系统的规定。这种立法安排更加凸显了环境法主体的权利和义务在环境法中的地位，也便于推动与促进全民环境守法和环境执法，同时也能够避免行政资源浪费。

（二）《爱沙尼亚环境法典（总则）》的启示

首先，对制定环境法典应当有顶层设计并充分预估其难度。爱沙尼亚环境法学者从 2000 年就开始研究制定环境法典，爱沙尼亚官方则从 2007 年正式启动环境法典编纂工作。但是，在颁布环境法典时，爱沙尼亚立法机关最终采取了分别颁布环境法典总则和环境法典分则的方式制定环境法典，仅在 2011 年颁布了总则，而分则的公布时间则并没有明确时间表。环境法典立法难度之大，可想而知。在我国，由于不同领域的环境法制发展不均衡，部分领域如土壤污染防治、有毒化学物质管理、自然保护地等的环境立法尚处于起步阶段，且中国地域辽阔、东中西部差异较大，中国制定环境法典的难度将远大于爱沙尼亚。因此，中国制定环境法典必须有最高决策层的强有力的支持和较为完善的顶层设计，对其难度进行充分估计，并且借鉴爱沙尼亚环境法典编纂以及中国民法典编纂的经验，分阶段完成法典制定。

其次,借鉴爱沙尼亚经验在环境法典中规定实体环境权。尽管传统的法制发达国家如英国、美国、德国等国家并未在其宪法或者环境法律中规定实体环境权,但不能否认的是,在世界范围内,规定实体环境权的国家越来越多,如法国、俄罗斯、南非等。爱沙尼亚的环境法典中关于实体环境权(俄罗斯称为生态权)的规定在世界上具有相当的创新性和示范性。与法国和南非在宪法中规定实体环境权且属于宪法上的基本权利不同,爱沙尼亚关于实体环境权的规定属于行政法上的主观公权利。在宪法上规定实体环境权,必须有相应的宪法诉讼机制来为其实施提供法律保障。而作为行政法上主观公权利的实体环境权更容易获得法律上的救济,更容易实现环境法为公众环境权利而斗争的目的。在我国,由于尚未建立完善的宪法上基本权利的诉讼救济机制,如果通过制定环境法典承认公民个人具有作为主观公权利的实体环境权,则将更有助于为公众维护其环境权益提供法律保障。

最后,借鉴爱沙尼亚经验建立统一的环境许可证制度。《爱沙尼亚环境法典(总则)》对爱沙尼亚现行环境法律中的环境许可证制度进行了整合,建立了爱沙尼亚的综合环境许可证制度,从而避免仅针对环境要素发布环境许可证,导致环境影响在不同环境要素之间转移而缺乏相应监管机制。另外,《爱沙尼亚环境法典(总则)》关于环境许可证的规定,不仅解决了有关环境许可证规定的程序法问题,而且对相应的实体法问题也一并作出规定,即因为环境许可证的颁发或者拒绝颁发而使其环境权利或者义务受到影响的第三人的环境权益的保护问题。在我国,尽管《国务院办公厅关于印发控制污染物排放许可制实施方案的通知》(国办发〔2016〕81号)对建立全部固定污染物的单一的环境许可证制度、环境许可证制度与其他环境法律制度的衔接和协调等问题提出了明确要求,但2008年《排污许可证管理条例》(征求意见稿)和2016年原环境保护部颁布的《排污许可证暂行办法》都未建立综合环境许可证制度,并且对环境许可证颁发也缺乏正当程序的规范和制约。因此,我国将来制定环境法典时,应当借鉴爱沙尼亚的经验,对综合环境许可证和环境许可证颁发的正当法律程序等内容作出相应规定。

四、《爱沙尼亚环境法典(总则)》翻译工作始末

作为国内生态法研究的重要阵地,中国社会科学院法学研究所继承马骧聪荣誉学部委员、任允正研究员等老一辈生态法(环境与资源法)学者的优良学术传统,坚持以积极回应社会进步和时代发展对生态法治建设的要求为己任,致力于跟踪研究生态法学领域的前沿理论问题。受中国社科院法学所生态法研究室主任刘洪岩研究员关于俄罗斯中亚生态法典化研究的影响,从2017年起,我开始关注环境法典化这一研究课题,并着手进行《爱沙尼亚环境法典(总则)》的翻译工作。

在前期收集资料的基础上,我从2017年8月开始正式进行《爱沙尼亚环境法典(总则)》的翻译工作,至11月基本完成了翻译的初稿工作。在此期间,中国法学会环境资源法学研究会于10月21日至22日在北京成功举办了"各国环境法典翻译出版国际研讨会",会议邀请了德国、法国、瑞典、意大利和俄罗斯的五国学者,分别对各国环境法典化的历程与经验予以介绍。这次会议并不直接涉及爱沙尼亚环境法典的相关内容,但与会国内外专家学者关于各国环境法典化理论研究和实践经验的讲解,还是为我进一步提高《爱沙尼亚环境法典(总则)》的翻译水平提供了很大帮助。2017年12月10日,在由中国政法大学主办、联合国环境署—中国政法大学环境法研究基地承办的首届"一带一路"国家环境法治合作论坛上,我向与会专家学者简要地报告了《爱沙尼亚环境法典(总则)》的主要内容,尤其是其中关于环境权利部分的法律构造和立法表达,引起了与会专家学者的强烈兴趣,增强了我继续提高《爱沙尼亚环境法典(总则)》翻译质量的信心和动力。

在翻译《爱沙尼亚环境法典(总则)》的过程中,我发现关于该法典直接可供参考的资料相当有限。主要包括 Wolter Kluwer 数据库出版的《爱沙尼亚环境法手册》(由爱沙尼亚塔尔图大学 Hannes Veinla 教授和 Kaarel Relve 讲师合著)以及由塔尔图大学主办的 *Juridica International*

法律杂志中关于爱沙尼亚环境法的相关论文。另外,爱沙尼亚作为欧盟的成员国,必须执行欧盟层面的立法,因此,欧盟法也成为爱沙尼亚法律渊源的重要组成部分,欧盟环境立法也是研究的重要参考和依据。这一点在《爱沙尼亚环境法典(总则)》中关于环境许可证的规定方面尤为明显。另外,在翻译过程中我们也感觉到,爱沙尼亚的环境法典立法工作明显受到俄罗斯和德国环境(生态)法法典化进程及其相关研究工作的影响。值得特别说明的是,Hannes Veinla 教授直接参与了爱沙尼亚环境法典的立法工作,因此,他关于爱沙尼亚环境法典立法的相关理论成果成为翻译《爱沙尼亚环境法典(总则)》最重要的参考依据。

关于《爱沙尼亚环境法典(总则)》的翻译,还有下列几点需要作出特别说明:第一,在翻译《爱沙尼亚环境法典(总则)》过程中,我们发现该法从 2014 年生效至今,几乎每年都要经历或多或少的修改。这说明,即便就总则部分而言,环境法典的立法技术也尚不够成熟,仍处于不断探索和学习阶段。这种频繁修改法典的做法,且不说影响法的安定性,对我国而言,基本上是不可能发生的。第二,分则的出台时间尚没有明确时间表,也进一步凸显了环境法典的立法难度,尤其是分则部分面临大量环境法律制度的整合和衔接问题。第三,《爱沙尼亚环境法典(总则)》法律文本较为简洁、精炼,因此,本次翻译工作由我独立完成,译稿的校对工作则由我和浙江农业大学外国语学院的石统文老师共同完成,即由我针对翻译过程中遇到的困难和问题进行梳理,与石统文老师相互研讨后,最终决定解决方案。第四,本次翻译四易其稿,尚不包括每次翻译过程中的部分微调。为方便读者和确保翻译质量,我们还在译稿最后附上了关于《爱沙尼亚环境法典(总则)》所涉法律名称对照表和专业术语对照表。

最后,特别感谢对此次翻译工作提供大力支持的阿里巴巴公益基金会,以及对法典翻译做出贡献的北京大学教育基金会。向领导和推动世界各国环境法典翻译工作的吕忠梅教授、汪劲教授等国内外学者,向鼓励和支持《爱沙尼亚环境法典(总则)》翻译工作的刘洪岩研究员、竺效教授,向为本翻译出版提供诸多帮助的法律出版社的吴昉老师、北京大学法学院的王社坤副教授等,再次一并致谢。

囿于译者知识与语言方面的能力限制,本译作仍有诸多不足,敬请读者斧正。

张忠利

2021 年 7 月 15 日

译校者简介

张忠利 1982 年 11 月生,山东省临沂市人。中国人民大学环境资源与保护法专业法学博士。现任中国社会科学院法学研究所生态法研究室助理研究员,兼任最高人民法院环境资源司法理论研究基地研究员。主要从事生态法基础理论、环境法典、能源与气候法、自然资源法、国土空间治理法治等领域研究工作。累计发表学术论文 20 余篇,被人大复印资料全文转载 5 篇。先后获得中国法学会能源法研究会 2017 年、2018 年年会优秀论文二等奖、三等奖。

石统文 1981 年 2 月生,山东省蒙阴县人。中国人民大学比较文学与世界文学博士,现为浙江农林大学讲师。主要从事英美文学、生态批评等领域研究。

爱沙尼亚环境法典(总则)*

2011 年 2 月 16 日通过

通过 RT I, 28.2.2011, 1 正式发布。

2014 年 8 月 1 日生效,其中部分分别于 2015 年 1 月 1 日、2017 年 8 月 1 日生效。

本法为下列法律所修正:

通过时间	官方发布	生效时间
2014 年 6 月 20 日	RT I, 08.07.2014, 3	2014 年 8 月 1 日
2014 年 6 月 19 日	RT I, 29.06.2014, 109	2014 年 7 月 1 日,各部的官方名称已经依据《共和国政府法》第 107 条第 4 款替换
2014 年 12 月 18 日	RT I, 30.12.2014, 6	2015 年 1 月 1 日,第 5 章自《环境法典法总则实施法》生效之日起生效
2015 年 2 月 11 日	RT I, 4.03.2015, 1	2015 年 3 月 4 日
2015 年 2 月 18 日	RT I, 23.03.2015, 3	2015 年 7 月 1 日
2015 年 2 月 19 日	RT I, 23.03.2015, 6	2015 年 7 月 1 日,部分自《环境法典法总则》第 5 章生效之日起开始生效

* 依据爱沙尼亚议会网站公布的英文版《爱沙尼亚环境法典(总则)》进行翻译,最后访问时间为 2019 年 7 月 20 日。

续表

通过时间	官方发布	生效时间
2016 年 6 月 8 日	RT I, 28.06.2016, 2	2016 年 11 月 1 日
2017 年 5 月 10 日	RT I, 25.05.2017, 1	2017 年 6 月 4 日
2017 年 6 月 19 日	RT I, 3.07.2017, 5	2017 年 7 月 13 日
2018 年 6 月 13 日	RT I, 26.06.2018, 6	2018 年 7 月 6 日(部分于 2018 年 7 月 1 日)

第一章　一 般 规 定

第一节　立法目的与适用范围

第 1 条　立法目的

本法的目的在于确保：

1. 尽最大可能地降低环境妨害，以保护环境、人体健康、福利、财产和文化遗产；

2. 促进可持续发展，以确保环境能满足今世后代人们的身体健康和福利需求；

3. 对生物多样性进行养育和保护；

4. 使环境处于良好状态；

5. 预防环境损害，并且对已发生的环境损害进行救济。

第 2 条　《行政程序法》的适用

在顾及本法特别规定的情形下，《行政程序法》的规定适用于本法中规定的行政审裁程序。

第二节　定　　义

第 3 条　环境妨害

1. “环境妨害”是指人为引发的对环境的直接或者间接负面影响，包括经由环境对人体健康、福利、财产或者文化遗产造成的影响；

“环境妨害”还指未超过某一极限数值的不利环境影响，或者未受到极限数值规制的不利环境影响。

2. 如果发生下列情形，推定发生重大环境妨害，但法律另有规定的除外：

(1)超过本法第 7 条第 3 款规定的环境质量限值；

(2)造成本法第 7 条第 5 款规定的污染情形；

[RT I, 08.07.2014, 3—2014 年 8 月 1 日生效]

(3)造成环境损害；

(4)造成严重环境影响；

(5)对位于欧盟 Natrura2000 网络(以下简称 Natura)中的区域造成重大不利影响。

第 4 条　环境风险

“环境风险”是指发生需要降低的环境妨害的可能性。

第 5 条　环境威胁

“环境威胁”是指具有相当大的发生可能性的重大环境妨害。

第 6 条　设备与运营者

1. “设备”是指以引发污染行为或者导致污染后果的方式，在其上进行生产作业，或者在其上进行与生产作业相等同的活动，或者进行与生产作业直接关联的活动，或者进行与生产作业具有技术性关联的活动的固定或者移动技术单元；

［RT I, 08.07.2014, 3—2014 年 8 月 1 日生效］

2.“运营者”是指经营或者拥有某一设备，因而控制该设备的运行，并且对该设备的技术运转负责的人。

［RT I, 08.07.2014, 3—2014 年 8 月 1 日生效］

第 7 条　排放、排放限值、环境质量限值、污染行为与污染结果

［RT I, 08.07.2014, 3—2014 年 8 月 1 日生效］

1.“排放”是指直接或者间接将某一物质、有机体、辐射、震动、热能、光线、气味或者噪音排放到空气、水或者土壤中。

2.“排放限值”是指表征排放行为的某一指标之规模、数量、浓度或者水平，且该指标不得被超越，或者在某一特定期间不能被超越，或者在若干个特定期间该指标不能被超越，或者在某一特定期间或者若干个特定期间该指标必须介于限值区间之内。

3.“环境质量限值”是指为保护人体健康和环境而确立，并且不能被超越的化学指标、物理指标或者生物指标的限值。

4.“污染行为”是指引发某种环境威胁或者环境风险的排放行为。

5.“污染结果”是指由于污染行为而致空气、水或者土壤而发生严重不利改变。

［RT I, 08.07.2014, 3—2014 年 8 月 1 日生效］

第二章　环境保护的原则与主要义务

第一节　环境保护的原则

第 8 条　高水平和一体化环境保护原则

环境保护措施必须确保对环境进行高水平保护，并且对环境进行一体化保护，以避免环境影响可能从一种环境要素转移到另一种环境要素。

第 9 条　融入原则

为确保可持续发展，在为生活各个领域的发展提供指导时，必须将确保提供高水平环境保护的考量纳入考虑。

第 10 条　预防原则

必须预防环境威胁。如果由于重于一切的公共原因，需要进行某项活动而没有其他合理替代选择，并且为降低环境威胁或者重大环境妨害已经采取必要措施，则任何人必须容忍该环境威胁或者重大环境妨害。

第 11 条　风险预防原则

1. 必须采取适当风险预防措施，以最大限度地降低环境风险。

2. 在作出涉及环境风险活动的决定时，必须确定该活动的环境影响。对于法律规定的情形，必须按照法定程序进行环境影响评价。

第 12 条　使用者付费

1. 环境妨害、环境威胁、环境风险或者环境损害的肇事者，必须承担对该环境妨害、威胁、风险或者损害进行评价、预防、降低或者救济而发生的费用。但是，法律另有规定的除外。

2. 在法律规定的情形下，使用环境必须付费。使用作为国民财富的环境资产必须付费，其费率按照本节规定的环境保护原则来设定，并且付费的目的在于实现本法第 1 条规定的目标。

［RT I, 08.07.2014, 3—2014 年 8 月 1 日生效］

第 13 条　节约利用自然资源的原则

在顾及自然资源的自然修复情况以及使其储备在尽可能长时间内可得的情形下，必须节约利用可再生自然资源和非可再生自然资源。在法律规定的情形下，应设定对使用可再生自然资源和非可再生自然资源进行收费的费率。

第二节　环境保护的主要义务

第 14 条　注意义务

任何人必须在其合理范围内采取措施，以减少由其作为或者不作为而引发的环境妨害。

第 15 条　为预防环境威胁而获取知识的义务

［RT I, 08.07.2014, 3—2014 年 8 月 1 日生效］

任何人在进行可能引发环境危害的活动之前，必须结合该活动的类型和范围，在合理范围内获取为预防该环境威胁发生的知识。

第三章　运营者的义务

第 16 条　预防环境威胁和采取风险防范措施的义务

1. 运营者必须采取规定措施以预防环境危害，并且采取适当的风险预防措施以降低环境风险。

2. 在进行将会导致环境威胁或者环境风险的活动之前，运营者必须结合该活动的类型与范围，获取为避免环境威胁或者环境风险发生所需要的知识。

3. 运营者必须避免使用将会导致环境风险的物质、混合物或者有机体，而应使用其他物质、混合物或者有机体代替能够产生较小环境风险。

第 17 条　节约使用原材料、自然资源和能源的义务

运营者必须节约使用原材料、自然资源和能源，并且在可能情况下，应当优先使用可再生能源资源。

[RT I, 08.07.2014, 3—2014 年 8 月 1 日生效]

第 18 条　设备安装地点的选择

1. 计划安装设备的人在进行选址时必须最大限度地满足降低环境风险的目的，而最应当考虑的则是该区域对计划进行活动的敏感性、与居民区的距离以及该区域的先前用途与可能用途。

2. 在扩大该设备的运营规模或者对该设备进行改造时，也必须考虑本条第 1 款中规定的标准。

第 19 条　设施运行人员的环境保护培训

运营者必须在合理程度上确保对运行该设备的人员进行环境保护培训。

第 20 条　通知义务

1. 在设备发生重大环境妨害时，运营者必须尽快通知环境监察员或者法律规定的其他机关。

[RT I, 08.07.2014, 3—2014 年 8 月 1 日生效]

2. 如果运营者意欲改变已经向其授予许可证的活动，而且该改变可能会引发重大环境妨害，该运营者必须将其计划进行的改变提前通知许可证颁发人。

[RT I, 08.07.2014, 3—2014 年 8 月 1 日生效]

第 21 条　终止设施运行时的环境保护要求

在该设备终止运行时，该运营者必须确保不会发生重大环境妨害。

第 22 条　义务的履行

运营者必须尽可能合理地履行本章规定的义务。

第四章　环 境 权 利

第一节　满足健康和福利需求的环境权与环境程序权

第 23 条　满足健康和福利需求的环境权利

1. 任何人有权希望与其直接相关的环境能够满足其健康和福利需求。

2. 如果某人经常停留在某一受影响的环境，或者经常使用受影响的自然资源，或者与该受影响的环境有特殊关联，则该环境与其直接相关。

3. 在适用上述第 2 款时，可能受影响的环境或者自然资源也被视为受影响的环境或者自然资源。

4. 在评价该环境是否满足人们的健康和福利需求时，需要考虑其他人的权利、公共利益和该区域的特点。如果超过环境质量之限值，则推定该环境没有满足人们的健康和福利需求。

5. 为了支持本条第 1 款中规定的权利，某人可以要求行政机关保护某一环境免受损害，并且采取合理措施确保该环境满足其健康和福利需求。

第 24 条　请求获得环境信息的权利

1. 任何人有权依据《备忘应对和解释申请法》，通过提交解释请求获得公共环境信息（以下简称“环境信息”），或者依据《公共信息法》或其他法律请求获得信息。

2.“环境信息”是指有关下列方面的任何书面的、可视的、口头的、电子的或者任何其他物质形式的信息：

（1）环境要素的状况，诸如空气、大气层、水、土壤、土地、陆地景观，包括湿地、海岸和海洋区域在内的自然场地，以及包括基因改性活体在内的生物多样性及其组成部分，以及这些环境要素之间的相互作用；

（2）影响或者可能影响第1款所提及的环境要素的事实，诸如物质、能量、噪音、闪烁灯光、震动、辐射或者包括放射性废弃物在内的废弃物以及向环境的排放、排入或者其他释放；

（3）诸如立法、规划、项目、环境协议等包括行政措施在内的各种措施，影响或者可能影响第1款和第2款中提及的要素和事实的各种活动，以及为保护这些要素而采取的措施或者活动；

（4）环境立法实施情况的报告；

（5）在第（3）项所提及的措施和活动框架下，所采用的“成本—收益”分析方法和其他经济分析方法及其假设；

（6）人体健康和安全状况，包括饮用水和食物链的污染状况，受到或者可能受到本条第1款提及的环境要素之状况影响的人类生活、文化场所和建筑环境的条件，以及经由这些环境要素，受到本条第1款和第2款中提及的任何事实、措施或者活动影响的人类生活、文化场所和建筑环境的条件。

3. 请求获得该信息的人不需要说明其请求获取该信息的目的或者其他原因。

4. 应请求获得信息人的请求，该信息持有人应当解释采集该信息的方法，并且授权请求人获得有关数据采样和分析方法的信息。

5. 在下列情形下，信息持有人有权指定某些环境信息为供内部使用的信息：

（1）披露该信息会可能会对知识产权造成不利影响；

（2）在负有向行政机关提供该信息义务的情形下，已经自愿地向行政机关提供了该信息,并且提供该信息的人不同意披露该环境信息。

[RT I, 08.07.2014, 3—2014 年 8 月 1 日生效]

6. 如果该信息持有人依法有权拒绝披露该信息,则该持有人在每一具体情形下决定是否披露该信息时,应当权衡拒绝披露该信息所保护的利益是否超过决定披露该信息所保护的利益。

[RT I, 08.07.2014, 3—2014 年 8 月 1 日生效]

7. 如果正在编制包含环境信息的文件,则应当向信息申请人提供有关该文件作者的详细信息和编制该文件预计需要的时间。

[RT I, 08.07.2014, 3—2014 年 8 月 1 日生效]

第 25 条　在发生环境威胁时获取环境信息的权利

1. 在发生自然原因引发的环境威胁,以及存在发生对环境造成重大不利益影响的相当可能性时,必须立即通知由于该危险发生可能受到重大不利影响的每个人,并向其提供能够使其采取措施以避免或者降低该影响发生的信息。该信息应当由环境部提供,但法律另有规定的除外。

2. 本条第 1 款载明的信息可以通过广播、印刷媒体、网络或者其他适当方式,以有效地确保潜在受影响人员能够获得该信息,并且不会产生不利成本。

3. [已废止——RT I, 08.07.2014, 3—2014 年 8 月 1 日生效]

4. 如果事实已经清楚表明不存在环境威胁或者该威胁已经消除,在其权利受到该通知影响的人员提出要求时或者存在重于一切的公共原因时,先前通知该威胁的行政机关必须以与先前通知该威胁相同的形式或者同等程度通知该威胁已经不存在。

第 26 条　环境信息的收集、整理和公开

1. 行政机关收集和整理履行其职能所需要的环境信息时,应当确保该信息是综合的、准确的、可比较的、不断更新的并且是能够有效公开的。

2. 环境信息可以通过网络或者其他适当方式进行公开,并确保公众能有效地获知该信息。

［RT I, 08.07.2014, 3—2014 年 8 月 1 日生效］

3. 需要公开的环境信息至少包括下列项目：

（1）有关环境的国际条约、欧盟立法和国内立法的实施报告；

（2）涉及环境的项目和规划，包括区域发展规划与战略及其实施报告；

（3）环境监测报告；

（4）环境状况报告；

（5）作为进行具有重大环境影响活动基础的环境保护许可证和其他行政决定，有关环境的公法协议和自愿协议；

（6）环境影响评价报告、战略环境影响评价报告和环境风险评价报告。

［RT I, 08.07.2014, 3—2014 年 8 月 1 日生效，其中第（5）项于 2017 年 8 月 1 日生效］

4. 限制性信息不得基于本条第 3 款的规定进行披露。

第 27 条　关于环境信息与获取方式概要的网上公开

1. 行政机关可以在其网站上公开下列信息：

（1）关于其环境职能的解释性概述；

（2）关于其持有的环境信息的解释性概述；

（3）其他相关的行政机关网址；

（4）对环境信息请求权的解释；

（5）对如何批准获得所请求信息的解释。

2. 如果该行政机关授权公众更加有效地获取环境信息，则本条第 1 款中提及的信息可以在其他网站或者以其他方式公开，但需要在公开该信息的网站上说明信息来源。

3. 按照信息公开法，如果信息持有人不需要维护一个网站并且也没有网站，则本条第 1 款和第 2 款中规定的信息将在基于公法协议或者其他原因，并且与该信息持有人具有最强联系的行政团体的网站上公开。

第28条 作出具有重大环境影响决定时的参与权

1. 对于进行具有重大环境影响活动的授权之批准过程,与具有某项重要环境影响的活动之规划,任何人均享有参与权。

2. 公众有权知悉作出具有重大环境影响的决定的审裁程序,且应当确保既不会导致不合理成本,与该环境直接相关的人也能够获得该信息。

3. 在作出最终选择之前,公众应当有效地并且尽早地参与到具有重大环境影响的决策过程中。

4. 在遇有公众参与时,为使公众能够有效参与,应当结合参与事项的规模与复杂性设定行政审裁程序的时限长度,因此行政审裁程序的时限必须允许公众有充分的准备时间。

第29条 起草普遍适用且具有重大环境影响的文件时的参与权

1. 政府办公厅和各部应当在其网站上公布其计划起草的具有重大环境影响的条例和法律草案的相关信息,包括公布立法意图、时间表、为进行起草所开展的研究、负责起草工作的人员、参与起草的可能性、希望获得公众意见的问题与公开征求意见的结果。

2. 本条第1款中规定的信息可以在其他网站上或者以其他方式公布,并且在该网站上载明所公布信息的来源,如果此举能够帮助公众更加有效地跟踪并参与该立法起草过程。

第30条 有关环境事务的诉诸司法权

1. 任何人如果其包括满足其健康和福利需求的环境权利在内的权利受到侵犯,可以按照《行政程序法》规定的程序向该行政机关提起行政机关内部申诉,或者按照《行政法院程序法典》规定的程序向行政法院提起诉讼。

2. 在环境组织依据《行政法院程序法典》或者《行政程序法》规定的程序对行政决定或者已采取的行政措施提出抗议时,如果被抗议的行政决定或者措施与该组织的环境保护目标或者与其当前进行的环境保护活动有关,则推定其所保护的利益是合理的或者其权利已经受到侵犯。

第 31 条　非政府环境组织

1. 为本法的目的，所谓非政府环境组织（以下简称环境组织）是指：

（1）非营利性质的学会或者基金会，按照其协会章程规定其成立目的是保护环境，并且通过其活动促进环境保护；

（2）作为非法人的协会，旨在促进环境保护，并且基于其成员间的书面协议代表当地社区相当多人的意见。

2. 就本条第 1 款而言，为确保人体健康和福利以及为研究和推广自然和自然文化遗产而保护环境要素，也视为促进环境保护。

3. 在对促进环境保护进行评价时，必须要考虑该协会实现其章程所列目标的能力，主要表现为该协会迄今为止开展的活动，以及在未开展活动时，该协会章程中列明的组织机构、成员数量和成为其会员应当满足的条件。

第二节　使用属于他人土地和水体的权利

第 32 条　在他人土地上的逗留

1. 任何人仅在经所有人同意时，方能在属于他人的土地（以下简称他人土地）上逗留。

2. 如果所有人未在该土地设置栅栏或者未以某种方式表明其限制陌生人在其土地上逗留的意图，或者未能从其他情形推断出该种限制意图，则视为该人已经被授权在他人土地上进行逗留。但是，在该人院落上的逗留除外。

2^{1}. 在某人使用机动车辆或者越野车辆进入他人土地时，不能推定存在本条第 2 款中规定的许可。

[RT I, 04.03.2015, 1—2015 年 3 月 14 日生效]

3. 在他人土地上逗留时，必须遵守法律规定的限制，必须满足土地所有人的合法需求,并且必须最大限度地降低所引发的环境妨害。

[RT I, 08.07.2014, 3—2014 年 8 月 1 日生效]

4. 在他人土地上逗留时,必须考虑土地所有人的利益;最为重要的是,必须避免损害其财产和破坏其家庭安宁。

4[1]. 在他人土地上移动时,除非经过土地所有人同意,否则狗必须带项圈。正在进行工作的服务犬和狩猎过程中的猎犬不需要带项圈。

[RT I, 08.07.2014, 3—2014 年 8 月 1 日生效]

5. 为公共利益或者为保护包括土地使用人在内的第三方利益,国家机关或者地方机关在必要时可以对在他人土地上逗留予以限制。

第 33 条 对位于他人土地上的道路的使用

1. 任何人可以在法律规定范围内使用公共道路和私人道路。

[RT I,03.23.2015, 3—2015 年 7 月 1 日生效]

2. 非为民用机械作业使用的马路(以下简称马路)可以用于徒步、自行车骑行或者以其他类似方式活动。但是,法律另外规定的除外。

3. 如果以徒步、自行车骑行或者以其他类似方式活动属于通常习惯,并且不会对所有人造成负担,则该所有人不得禁止对其所有的马路或者小路进行使用。使用他人院落土地上的私人马路或者小路,视为会造成过重负担。但是,法律规定的除外。

第 34 条 对在他人土地上的浆果、蘑菇、坚果、枯枝与其他类似自然产品的捡拾

在他人土地上,任何人可以捡拾在野外自然生长的浆果、蘑菇和坚果、掉落的枯枝和其他类似自然产品,除非所有人另有规定。

第 35 条 在他人土地上短暂宿营和长久停留

1. 只有经土地所有人同意,任何人方可以在该他人土地上宿营或者长久停留。

2. 在拥有一个密集居住区系统且边界清晰的区域之外,除非土地所

有人尚未出售其土地，或者以某种方式表明其限制在该土地上宿营或者长久停留的意图，或者在其他情形下不会发生该种限制宿营的意图，则推定土地所有人同意在该土地上宿营或者长久停留。该种同意推定土地所有人允许宿营或者长久停留的时间不超过1日。

3. 如果宿营或者长久停留的地方并未准备用于或者标明用于该宿营或者停留目的，则必须在居民建筑物可视范围和可听范围之外的地方逗留。在野外环境中，宿营或者长久停留的地方距离居民建筑物必须至少在150米之外。

[RT I, 08.07.2014, 3—2014年8月1日生效]

第36条　禁止在他人土地上生火

1. 任何人只有经土地所有人同意，方可在该土地上生火。

2. 在土地所有人准备用于和标明用于生火的地方，推定该所有人同意生火。

第37条　水体的公共利用

1. 对水体的公共利用，是指游泳、水上运动、进行水上和冰上移动、捕鱼、取水，或者不构成《水法》规定的对水体特别利用的其他利用。

[RT I, 08.07.2014, 3—2014年8月1日生效]

2. 用机动工具在水上或者冰上进行移动，不构成《水法》规定的特别利用。

3. 可以依法对水体用途进行限制。

[RT I, 08.07.2014, 3—2014年8月1日生效]

4. 将某水体指定为公共利用，应当按照《水法》规定的条件和程序进行。

[RT I, 08.07.2014, 3—2014年8月1日生效]

5. 沿岸或者河堤土地的所有人不得妨碍对水体的公共利用，包括不得关闭用于水上通行的水道超过其水道宽度的三分之一。

6. 在公共水域或者供公众使用的水体，任何人可以按照渔业法或者依据该法设定的限制,利用一根简单手线进行免费垂钓且不需要注册其捕鱼权。

[RT I, 08.07.2014, 3—2014 年 8 月 1 日生效]

7. 任何人只有经所有人同意,方可以使用非供公众使用的水体。如果所有人未对水体设置围栏,或者未以某种方式标明其限制对水体进行使用的意图,或者在其他情形下不会产生限制水体使用的意图,则推定所有人同意公众使用该水体。

第 38 条 沿岸或者河堤道路

1. 沿岸或者河堤道路是指供公共使用水体的河岸或者河堤的一个狭长地带,其目的是为公众使用该水体,以及在水体岸边或者堤边停留或者移动。

2. 可航行水体的沿岸或者河堤道路的宽度是 10 米,其他水体的沿岸或者河堤道路的宽度为 4 米。如果是平坦的沿岸或者河堤道路,则应当按照主地图上显示的水体的边界计算其宽度;如果是陡峭的沿岸或者河堤道路,则从沿岸和堤坡的上侧边缘计算其宽度,并且将水线与沿岸或者堤坝坡地上侧边缘之间的狭长地带作为沿岸或者河堤道路。

3. 如果该沿岸或者河堤道路被淹没,则从水线向外的 2 米视为沿岸或者河堤道路(以下简称临时沿岸或者河堤道路)。

4. 沿岸或者河堤道路的所有人必须允许任何人使用该沿岸或者河堤道路。

5. 经地方当局或者农业委员会的书面同意,或者为放牧动物或者在土地上排水的合理需要,沿岸或者河堤道路的所有人或者占有人可以在沿岸或者河堤道路上设置围栏,但是必须确保在沿沿岸或者河堤道路移动时能够通过或者穿行该围栏。

[RT I, 08.07.2014, 3—2014 年 8 月 1 日生效]

6. 如果在临时沿岸或者河堤道路上移动受到影响,则该沿岸或者河堤道路的所有人必须确保其不动产的其他地方能够通行,除非这样会给所有人造成过重负担。

7. 地方当局必须制订计划,确保公众对该沿岸或者河堤道路的通行。

8. 在水体之中或者之上的步行桥、大桥或者其他构筑物,并非沿岸或者河堤道路的构成部分,只有经所有人同意方可以使用这些构筑物。如果所有人没有将该构筑物用围栏围起,或者以某种方式标明其限制陌生人使用该构筑物的意图,或者不能从其他情形发现其限制使用该构筑物的意图,则推定所有人同意使用该构筑物。如果为沿着沿岸或者河堤道路活动所必需,则所有人必须允许使用该构筑物。

9. 如果某人违反本条规定阻塞了该沿岸或者河堤道路,按照《行政程序法》,该人对该阻塞行为将不会享有合法性期待。

[RT I, 04.03.2015, 1—2015 年 3 月 14 日生效]

第 39 条　沿岸或者河堤道路的关闭及其能够绕行

1. 基于重于一切的公共原因,可以关闭沿岸或者河堤道路。

2. 如果建设构筑物并不违反《自然保护法》中关于禁止在建筑禁区建设的规定,或者为建设该构筑物,该建筑禁区已经被依法缩小,则基于重于一切的私人原因可以关闭与合法建立的构筑物紧密相邻的沿岸或者河堤道路。

[RT I, 08.07.2014, 3—2014 年 8 月 1 日生效]

3. 关闭沿岸或者河堤道路,应当通过制定综合性规划来决定。

[RT I, 08.07.2014, 3—2014 年 8 月 1 日生效]

4. 在决定关闭沿岸或者河堤道路时,必须对该被关闭的道路进行标识,并且必须确保能够绕行该被关闭的道路。

5. 如果某人违反本条规定阻塞了该沿岸或者河堤道路,按照《行政程序法》,该人对该阻塞行为将不会享有合法性期待。

[RT I, 04.03.2015, 3—2015 年 3 月 14 日生效]

第五章　许可审裁程序

［RT I, 28.06.2016, 2—2016 年 11 月 1 日生效］

第 40 条　环境保护许可证

1. 下列许可证被称为环境保护许可证：

（1）环境许可证；

（2）综合环境许可证；

（3）为降低从事某一领域活动的环境风险而由法律规定的其他许可证，而法律并未规定开展该活动需要获得环境许可证或者综合环境许可证。

2. 环境许可证授权持有人得至少进行一项本法第 41 条第 1 款列明的活动。授予环境许可证的审裁程序在本章中列明。

3. 在依法确定的某一领域或者某一分领域，综合环境许可证授权持有人开展活动应当确保尽最大可能降低环境妨害。

4. 在决定授予综合环境许可证时，应当对计划开展活动所产生的排放行为对环境要素的影响进行整体性评价。综合环境许可证中规定的要求，必须确保对水、空气和土壤的保护，并且对设施所产生的废弃物进行处理，避免该废弃物从一种环境要素转移到另一种环境要素。这些环境要素包括诸如水、空气和土壤等。

［RT I, 08.07.2014, 3—2014 年 8 月 1 日生效］

5. 在法律规定情形下，本章中列明的审裁程序适用于环境保护许可证的颁发。

[RT I, 08.07.2014, 3—2014 年 8 月 1 日生效]

第 40 条[1] 环境决策信息系统

1. 环境决策系统作为一个数据库,是国家信息系统的组成部分,其目的在于简化综合环境许可证的申请与处理,简化与该许可证相关的报告义务和其他义务的履行,以及简化对所收集信息的保存、利用和获得。

2. 环境决策信息系统及其法令由负责该领域的部长制定的条例来设立。

[RT I, 25.05.2017, 1—2017 年 6 月 4 日生效]

第 41 条 环境许可证

1. 环境许可证授权某人进行下列一项活动或者同时进行若干项活动:

(1) 对水的特别利用;

(2) 将污染物从固定污染源排放到空气中;

(3) 管理废弃物;

(4) 开发矿产资源;

(5) 从事放射性行为。

2. 在法律规定情形下,开展本条第 1 款规定的活动需要持有环境许可证。

3. 对于需要颁发综合环境许可证的活动,不得颁发环境许可证。

4. 如果本条第 1 款规定的活动在空间或者技术上是相互关联的,则针对这些活动应颁发一个环境许可证。

第 42 条 环境许可证的申请

1. 环境许可证申请书必须载明下列事项:

(1) 申请人的姓名、个人身份证号或者注册登记号;

(2) 申请人和联系人的地址和详细联系方式;

(3)许可证中以表格清晰表明的内容;

(4)请求的许可证有效期间;

(5)开展计划活动的目的和理由;

(6)计划开展的活动的各种特征;

(7)有关环境妨害以及发生地点的信息,包括对活动进行具有地理坐标的准确定位(在必要时)、该地区的通信状况、地上景观、距离最近的建筑物和环境状况;

(8)有关将要使用的技术和设备的信息;

(9)如果法律要求采用最佳可能技术,为引进最佳可能技术而计划进行的投资;

[RT I, 08.07.2014, 3—2014 年 8 月 1 日生效]

(10)对请求开展的活动所产生的环境风险,可能影响其风险规模的其他状况;

(11)降低环境风险的措施;

(12)环境监测计划与有关环境监测设备的信息;

(13)投递环境许可证的偏好方式和投递所需要的详细联系信息;

(14)申请人提交申请的日期及其签名;

(15)法律或者依据本条第 7 款制定的法律文件所要求的其他信息。

2. 法律可以规定,在申请开展某项活动的环境许可证时无须提交本条第 1 款中规定的信息。

3. 下列内容必须附在环境许可证申请表之后:

(1)关于开展活动的方位和设备选址图纸的计划;

(2)合法占有容纳设备的土地的证书,或者经同意在安装设备的地方进行经营的其他法律基础;

(3)法律或者依据本条第 7 款所制定的法律文件所要求的信息。

4. 在提交申请之前,环境许可证申请人必须向国家支付费用。

5. 对于需要持有许可证方可开展的活动,申请人必须在环境许可证申请书中载明请求开展的所有活动。

6. 对于在某单一设备或者场所开展的活动,环境许可证申请书应当联合提交。

7. 环境许可证申请书的详细要求、环境许可证申请书的表格与修改环境许可证申请书的表格，由负责该领域的部长制定条例予以规定。

第 43 条　地方当局的意见

1. 在核查确认环境许可证申请书符合要求之后，环境许可证颁发机关应当立即将该申请书寄送给计划开展活动所在地的地方当局征求其意见。

2. 地方当局应当在收到该环境许可证申请书之后 1 个月内提交书面意见。地方当局所提交的意见并不影响其在后续过程中提出新的立场观点的权利。

3. 为决定是否发放环境许可证，如果对计划开展的活动进行环境影响评价，则地方当局应当在收到《环境影响评价和环境管理法》第 22 条第 7 款规定的通知之日起 21 日内提交意见。

[RT I, 23.03.2015, 6—2015 年 11 月 1 日生效——按照《放射法》的规定生效(RT I, 2016 年 6 月 28 日, 2)]

第 44 条　公开的审裁程序

对环境许可证申请书的审议应公开进行。但是，法律另有规定的除外。

第 45 条　在不公开审裁程序中当事人的参与

在不组织公开的审裁程序时，对于因授予或者拒绝授予许可证而可能使其权利受到侵犯或者使其义务受到影响的人，环境许可证授予机关应当立即向其通知关于收到环境许可证申请或者启动对环境许可证进行修正的审裁程序的事宜。

第 46 条　在公开审裁程序中通知可能受授予环境许可证程序影响的人

1. 如果环境许可证申请书符合法律规定的要求，在举行公开的审裁程序时，对于可能因为授予或者拒绝授予许可证而使其权利受到侵犯或者使其义务受到影响的人,该许可证颁发机关应按照《行政程序法》第25条至第32条的规定立即向其通知所提交申请的内容,包括:

(1)与计划开展活动所在地的不动产毗邻的不动产之所有人;

(2)受计划进行开展活动影响,并且明显超过正常影响范围的不动产的占有人;

[RT I, 08.07.2014, 3—2014年8月1日生效]

1^1. 如果计划进行的活动不会产生重大影响,则许可证颁发机关不需要按照对本条第1款规定的方式通知与该活动所在之不动产毗邻的不动产之所有人。

[RT I, 25.5.2017, 1—2017年6月4日生效]

2. 除非作出本法第51条规定的行政决定,并决定授予或者拒绝授予许可证,包括依据本法第56条或者第58条决定授予部分环境许可证,只有在上述人员提出明确请求时,才需要以本条第1款规定的方式向其通知本审裁程序其他阶段的内容。

3. 在按照本条第1款规定的程序通知相关人员时,必须向其提供本法第47条第1款中规定的信息。

3^1. 如果该文件系通过邮政投递,则它将以非注册邮递的方式发往诉讼程序当事人。

[RT I, 25.5.2017, 1—2017年6月4日生效]

4. 在本条第1款中规定的人员超过100人时,不适用本条规定。

第47条　在公开审裁的程序下向公众告知授予环境许可证的审裁程序

1. 在公开的审裁程序中,如果环境许可证申请书符合法定要求,环境许可证颁发机关应当立即就所提交的申请书发布通知并载明下列内容:

(1)计划开展本法第41条第1款规定中的哪项活动;

(2)申请人姓名;

(3)计划开展活动的方位信息;

(4)关于计划的环境许可证有效期间的信息;

(5)可以获得环境许可证申请书的网站的说明；

(6)任何人有权参与该公开的审裁程序；

(7)对环境许可证申请书以及因此作出的行政决定的草案进行公示的时间和地点，如果决定授予环境许可证不需要进行环境影响评价，并且在发布通知时已经作出行政决定的草案或者作出行政决定草案的时间已经确定；

[RT I, 08.07.2014, 3—2014 年 8 月 1 日生效]

(8)提交建议与反对意见(以下将其联合称为立场文件)的时限和收件人，以及如果发布有关公开展示的时间和地点的通知所产生的问题。

[RT I, 08.07.2014, 3—2014 年 8 月 1 日生效]

2. 本条第 1 款中规定的通知必须在官方文件 Ametlikud Teadaanded 地方报纸或者县城报纸中进行公开。并且，如果环境许可证中许可进行的活动将会引发重大的区域性环境妨害或者全国性环境妨害，该通知必须至少在一家全国性报纸上公布。在必要时，在其他情形下也可以在全国性报纸上发布该通知。

[RT I, 25.05.2017, 1—2017 年 6 月 4 日生效]

2^1. 在报纸上发布通知所发生的费用，必须由环境许可证申请人负担。

[RT I, 08.07.2014, 3—2014 年 8 月 1 日生效]

3. [废止，RT I, 25.05.2017, 1—2017 年 6 月 4 日生效]

4. 在收到环境许可证申请书之日起 7 日内，农村市或者城市政府应当在其农村市或者城市政府网站上发布关于收到该申请书的通知，并且至少显示本条第 1 款第(1)项至第(3)项与第(5)项中规定的信息，并且说明该信息已经在互联网上公开。该通知必须在互联网上始终保留，直至针对该申请书作出决定。

[RT I, 25.05.2017, 1—2017 年 6 月 4 日生效]

5. 对于请求提供有关公开展示的信息和在环境许可证审裁程序中组织的讨论的信息的个人，有关该公示和讨论的通知将寄送至其电子邮件地址或者邮政地址。

[RT I, 08.07.2014, 3—2014 年 8 月 1 日生效]

6. 如果本条第 1 款中规定的通知没有显示该许可证申请书的公示时间和地点,没有显示针对该环境许可证申请书将要作出的行政决定草案的公示时间和地点,或者没有显示提交立场文件和问题的时限和收件人,则在作出行政决定草案之后应当按照本条第 2 款和第 2[1]款中列明的程序立即发布包含该信息的通知。

[RT I,25.05.2017, 1—2017 年 6 月 4 日生效]

第 48 条　在公开审裁程序下对许可证申请及其行政决定的公示

[RT I, 08.07.2014, 3—2014 年 8 月 1 日生效]

1. 环境许可证颁发机关应当按照《行政程序法》第48 条规定的程序,至少在计划开展活动所在地的农村市、城市或者其他聚居区的某一公共建筑物或者地方,或者在环境许可证颁发机关所在地、计划进行活动所在地,向公众公示环境许可证申请书以及因此作出的行政决定草案。在考虑计划开展活动可能产生的环境妨害的程度和范围的基础上,由许可证颁发机关决定进行公示的具体地点。

2. 如果计划开展活动所产生的环境妨害或者环境风险如此之小,以至于在其上不存在充分的公共利益,则不需要按照本条第 1 款中规定的程序向公众公示针对其环境许可证申请将要作出的行政决定的草案。

3. 在公示过程中,本条第 1 款规定的文件必须在环境许可证颁发机关网站上持续可得,直至就该申请书已经作出决定。

4. 在环境许可证颁发机关设定的时限内,针对公示的环境许可证申请书或者因此作出的行政决定草案,任何人有权向许可证颁发机关提出立场观点和问题。从通知公示之日起,该时限不得少于 2 周。

[RT I, 08.07.2014, 3—2014 年 8 月 1 日生效]

第 48 条[1]　公示并将程序公开的结果纳入考虑

1. 经过公开讨论是否授予该许可证后,由环境许可证颁发机关作出是否授予许可的决定。在公开讨论过程中,任何人有权就环境许可证草案与颁发该许可证的审裁程序发表口头意见。对于《行政程序法》第 50 条第 2 款和第 3 款规定的情形，可以无须组织讨论即作出授予许可证的决定。

2. 如果在宣布进行公示时，并未同时宣布进行讨论的时间，则环境许可证颁发机关需要按照本法第 47 条规定的程序，至少提前 10 日通知公众将要组织讨论。

3. 该讨论必须记录在案。该备忘录必须载明讨论人的立场观点、所提问题以及针对这些问题的回应。

4. 在决定是否颁发环境许可证之前，许可证颁发机关必须向申请人提供公众在公示和讨论过程中的立场观点和所提问题，使申请人能够检查是否存在这些问题并表达相应观点。

5. 在公示后，如果环境许可证申请书以及相应的行政决定草案发生大幅度修改，则在考虑该修改对相关人员和申请人利益的推定影响的情况下，许可证颁发机关可以再次组织公示。在为就该事项作出正确决定所必须，环境许可证颁发机可以再次组织公开讨论。

[RT I, 08.07.2014, 3—2014 年 8 月 1 日生效]

第 49 条　决定是否授予环境许可证的时限

1. 发证机关应当在收到适格申请书之日起 90 日内，决定是否授予环境许可证。但是，法律另有规定的除外。

2. 如果无须组织公开的审裁程序就可以决定授予环境许可证，则发证机关应当在收到适格申请书之日起 20 日内决定是否授予许可证。

3. 在发生本法第 52 条第 1 款第(1)项和第(2)项规定的情形时，发证机关应在收到适格申请书之日起 20 日内作出拒绝授予许可证的决定。

4. 如果未制订计划就不得批准请求开展的活动，而申请人在提交环境许可证申请书之日起 30 日内未制订该计划，则不适用于本条第 1 款中规定的时限。在该种情形下，应当在该计划制订后 60 日内决定是否授予环境许可证。如果该计划系在提交适格环境许可证申请书后超过 90 日方制订，则发证机会应当在该计划制订之日起 30 日内决定是否颁发环境许可证。

第 50 条　对环境许可证申请书的联合审查

如果以合目的方式进行审裁程序的原则是正当的,或者从进行监管角度是符合实际的,则对于本法第 41 条第 1 款中规定的、在不同地方进行的活动,或者是为授权开展新的活动而修改该人的现行环境许可证,发证机会应许可证申请人请求可以向同一人所开展的多项活动颁发一个环境许可证。

第 51 条　在授予许可证之前确定对授予许可证具有重大意义的情形

1. 发证机关在颁发或者拒绝颁发环境许可证之前,可以应环境许可证申请人请求或者主动地且强制性地确定对作出最终决定具有重要影响的情形,包括缺乏本法第 52 条第 1 款第(1)项至第(4)项或者第(8)项至第(10)项规定的拒绝授予环境许可证的理由。

2. 作出本条第 1 款规定的初步行政决定,应当按照规制授予环境许可证的有关规定进行。作出该种初步行政决定,并不影响审查环境许可证申请书时应当遵守本法第 49 条中列明的程序性时限。

第 52 条　拒绝授予环境许可证

1. 如果存在下列情形,环境许可证发证机关应当拒绝授予环境许可证:

(1)该环境许可证申请书非由按照申请书在许可证所批准活动领域进行经营活动的人所提出;

(2)环境许可证申请人未获得经营场所所有人使用其不动产的同意,或者未获得位于请求进行活动影响区域内不动产的所有人的同意,如果按法律规定此时征得位于请求进行活动影响区域内不动产所有人的同意系由法律规定,或者请求开展的活动影响将会损害位于请求进行活动的影响区域内的不动产所有人的利益;

(3)如果法律规定应当采用最佳可能技术,但是请求开展的活动没有应用该技术;

(4)计划进行的活动未能遵守法律规定的要求;

(5)该申请书包含重要虚假信息,或者发证机关在过去4个月内已经因申请人提供虚假信息就相同活动拒绝授予其许可证;

(6)除非授予许可证所保护的利益是重于一切的,由于该活动包含无法避免的环境威胁,却没有合理替代措施,并且已经采取了降低危险的各种措施;

(7)考虑到节约利用可再生资源和非可再生资源的原则,按照许可证开展计划进行的活动,将会导致对自然资源的利用明显不合实际,或者会导致自然资源的状态发生明显恶化;

(8)基于环境许可证,开展计划进行的活动所带来的新增排放将会使得环境质量限值被超过;作为例外,如果超过环境质量限值的时间不超过6个月,并且授予许可证所产生的利益高于环境风险时,则可以颁发环境许可证;

(9)基于环境许可证,由于开展计划进行的活动产生的排放所引起的环境妨害会导致这种情形,即为遵守环境质量限值,将因此不能向他人颁发环境许可证,并且为防止公共妨害不颁发所请求的许可证的公共利益超过颁发所请求环境许可证的利益;

(10)法律规定的其他理由。

2. 基于本条第1款第(8)项规定的理由,在决定是否颁发所请求的许可证时,如果基于本法第59条第1款第(3)项规定的理由,通过修改或者撤销其他环境许可证将无法确保环境质量之限值得到遵守,则可以拒绝颁发环境许可证。

3. 如果对于申请书中载明的部分活动可以拒绝颁发环境许可证,则应申请人请求必须对允许授予许可部分的活动发放许可证。

[RT I, 08.07.2014, 3—2014年8月1日生效]

第53条 环境许可证的实体内容

1. 环境许可证必须列明下列内容:

(1)申请人姓名、个人身份证号或者注册登记号;

(2)申请人和联系人的地址和详细联系方式;

(3)营业场所的准确地址,在必要时应提供地理坐标;

(4)按照法律规定,请求许可进行的活动;

[RT I, 08.07.2014, 3—2014年8月1日生效]

(5)许可证的有效期间;

(6)在法律规定情形下,为确保对自然资源合目的性利用、降低从事环境许可证许可的活动而产生的环境妨害而确定的要求;

(7)在法律规定情形下,在活动中应采取的安全措施和为降低事故影响而采取的措施;

(8)在法律规定情形下,在启动和终止活动时应当采取的健康措施和环境保护措施;

(9)在法律规定情形下,应当满足的环境监测要求;

(10)在法律规定情形下,向环境许可证发证机关提交信息的要求;

(11)在法律规定情形下,对环境许可证的其他计划的次要条件;

(12)在决定是否授予环境许可证时,对所提交的书面建议和立场观点的接受与驳回;

(13)法律规定的其他信息。

2. 除非请求授予有固定期限的环境许可证,或者可以预见环境许可证持有人将会对其所进行活动(包括将要采用的技术或者环境状况)进行变更,或者是法律另有规定,否则应当颁发无固定期限的环境许可证。固定期限环境许可证的许可期限至少为1年,除非申请人在申请环境许可证时表明许可期限可以为某一更短期限。

3. 环境许可证的格式由负责该领域的部长制定的条例作出规定。

第54条 排放量的确定

在确定环境许可证所许可的排放量,应确保环境质量限值得到遵守。

第 55 条 授予需要制订详细的强制性计划的环境许可证

如果为使某一活动为环境许可证所批准或者为建设某一建筑物需要制订详细计划,而为建设该建筑物在颁发建设许可证之前需要首先颁发环境许可证,则在制订该详细计划之前不得发放环境许可证。

第 56 条 环境许可证的部分授予

1. 在对环境许可证的整个申请书进行审核前,对于申请书中载明的部分活动,在没有理由拒绝授权申请人从事该活动时,则环境许可证授予机关可以应申请人请求就该部分活动颁发许可证;如果不得向这些活动颁发许可证,则应当拒绝向这些活动颁发许可证。

2. 若存在正当理由,环境许可证颁发机关可以主动地颁发部分环境许可证。在该种情形下,必须听取申请人关于颁发部分环境许可证的立场观点。

3. 在颁发部分许可证时,为确保被许可证活动的合法性,应当满足本法第 53 条第 1 款规定的条件。

4. 在颁发部分许可证时可以规定,在颁发部分许可证时所确定的本法第 53 条第 1 款第(5)项至第(11)项规定的条件,在申请书审查过程中可以对其进行修改。在该种情形下,许可证持有人不得期待该环境许可证中的此种次要条件不得被修改。

5. 决定部分授予环境许可证,应当按照规制环境许可证授权的规定进行。该种环境许可证部分授予,不影响在对环境许可证申请书其他方面进行审查时应当遵守本法第 49 条列明的程序性时间限制。

第 57 条 在最终确定许可证条件前授予环境许可证

1. 如果初始评价表明不存在拒绝授予许可证的情形,并且在开展计划进行的活动时,在该许可证中满足第 53 条第 1 款第(6)项至第(8)项列明的条件,对申请人而言并非负担过重以至于使其无法实施计划进行的活动,则许可证授予机关可以先授予环境许可证,然后再确定该 53 条第 1 款第(6)项和第(8)项至第(11)项中列明的条件。在该种情形下,环境许可证的条件必须在本法第49条规定的时限内确定。本法第56条的规定适用于以该种方式授予环境许可证。

2. 在按照本条第1款列明的程序授予环境许可证时,在依据本法第49条规定的时限确定最终条件之前,可以暂时确定第53条第1款第(6)项和第(8)项至第(11)项中设定的条件。如果环境许可证颁发机关在该时限内没有确定最终条件,则环境许可证中暂时确定的条件视为最终条件。

3. 按照本条第1款和第2款中规定的程序,如果在授予许可证时应当对计划开展活动进行环境影响评价,则在发布《环境影响评价和环境管理法》第22条第7款规定的通知之前不得颁发环境许可证。

[RT I, 23.03.2015, 6—2016年11月1日生效,按照《放射法》的规定生效(RT I, 28.06.2016, 2)]

4. 对于按照本条第(1)项和第(2)项规定的程序授予的环境许可证,自确定环境许可证条件的行政决定发布之日起30日内,或者自环境许可证的暂时条件转化为最终条件之日起30日内,可以按照行政法院程序法典规定的程序对该环境许可证提起诉讼。

第58条　环境许可证的宣布

1. 授予或者拒绝授予环境许可证的决定,应由环境许可证授予机关按照《行政程序法》第25条至第30条和第32条的规定通过邮寄方式或者电子邮件方式,向申请人和其权利因环境许可证或者拒绝授予许可证的决定而受到限制的人投递。

2. 如果本条第1款规定的人员数目超过100人,则只向申请人投递环境许可证或者授予环境许可证的决定。

3. 环境许可证应当在官方出版物 *Ametlikud Teadaanded* 和地方或者县级报纸上进行发布。如果环境许可证的申请程序非属于规制公开审裁程序的规定所规范之范围,或者计划进行活动相关的环境妨碍或环境风险较小,且在其中没有充分的公共利益,则上述通知可以不在地方或者县级报纸上发布。如果许可证所批准开展的活动会导致重大区域性或者全国性环境妨害，则该通知至少应当在一家全国性报纸上进行发布。必要时，在其他情形下也可以在全国性报纸上发布该通知。

[RT I, 25.05.2017, 1—2017 年 6 月 4 日生效]

3[1]. 在报纸上发布该通知的费用由环境许可证申请人承担。

[RT I, 25.05.2017, 1—2017 年 6 月 4 日生效]

4. 本条第 3 款规定的通知必须至少包含下列信息：

(1) 计划开展本法第 41 条第 1 款中列明的哪项活动；

(2) 本法第 42 条第 1 款第(1)项规定的数据；

(3) 关于计划开展活动的方位信息；

(4) 对该活动及其可能引发的环境妨害进行简单描述；

[RT I, 08.07.2014, 3—2014 年 8 月 1 日生效]

(5) 关于在何处可以获得该环境许可证、拒绝授予许可证以及作为其依据的信息的相关信息。

5. 应当在互联网上进行公布环境许可证或者拒绝授予环境许可证的决定。

6. 应当向地方当局通报环境许可证的内容。

7. 应当按照宣布环境许可证的程序，宣布本法第 51 条、第 65 条和第 57 条中规定的行政决定。

第 59 条　环境许可证的修改

1. 如果存在下列情形，环境许可证授予机关应修改环境许可证的条件：

(1) 环境许可证的持有人请求对第 53 条第 1 款第(1)项规定的日期进行修改，包括按照许可证对所使用的建筑物或者所运行的设施进行转移的情形；

(2) 作为监测结果或者其他原因，环境许可证所许可的活动将会导致环境威胁或者重大环境妨害已经日渐明显，并且不修改该环境许可证的利益并非重于一切；

[已废止——RT I, 23.03.2015, 6—2016 年 11 月 1 日生效，按照

《放射法》的规定生效(RT I, 28.06.2016, 2)]

(3)由于其后情势发生变化,环境许可证颁发机关有权决定不授予该许可证,包括最佳可能技术的发展,如果法律规定应采用该种技术,或者环境风险的程度发生变化,或者其后法律规定发生修改,而且修改该环境许可证为更为广泛的保护环境所必需,或者存在其他利益超过对该环境许可证仍将继续有效的预期。

2. 如果存在下列情形,环境许可证授予机关可以修改环境许可证的条件:

(1)该许可证在授予时即为非法的证据已经日渐明显;

(2)[已废止——RT I, 23.03.2015, 6—2016 年 11 月 1 日生效,按照《放射法》的规定生效(RT I, 28.06.2016, 2)];

(3)作为第 53 条第 1 款第(5)项至第(11)项规定的条件之基础的法律规定已经失效;

(4)以持有人环境许可证为基础所从事的活动、所采用的技术或者装备已经发生变化。

3. 在对环境许可证进行修改时,不适用于《行政程序法》第 67 条第 4 款第(2)项的规定。

4. 对修改环境许可证申请书的审查,由环境许可证授予机关按照授予环境许可证的程序进行。对于本条第 1 款第(1)项规定的情形,应当自接到申请书之日起 7 日内对环境许可证进行修改。

5. 在下列情形下,可以不经过公开程序即决定对环境许可证进行修改:

(1)如果修改环境许可证不影响环境风险的程度,在修改环境许可证时不需要进行环境影响评价,并且没有其他压倒一切的利益要求应当组织公开的审裁程序;

(2)为预防环境威胁需要采用加速程序;

(3)本条第 1 款第(1)项规定的情形。

6. 对修改环境许可证的宣布,应当按照规范环境许可证宣布的程序进行。

第 60 条　许可证持有人信息的变更

1. 在环境许可证合法有效期间内,环境许可证持有人可以将基于许可证所产生的权利和义务转让给他人。

2. 为变更环境许可证持有人的信息,该许可证持有人和申请人必须向环境许可证颁发机关提交联合申请。该申请必须载明将要变更许可证持有人数据信息的日期。该变更信息申请书必须至少在上述变更数据信息日期前 10 日前提交。

3. 如果该申请人没有满足法律为许可证持有人设定的要求,则许可证颁发机关将拒绝在环境许可证上变更许可证持有人的信息。

第 61 条　暂停环境许可证

1. 基于本法第 59 条第 1 款规定的理由,环境许可证持有人可以部分或者全部地暂停环境许可证的有效期间,最长不超过 3 个月。

2. 决定暂停该环境许可证有效期间,不需要组织公开的审裁程序。

第 62 条　撤销环境许可证

1. 在下列情形下,环境许可证颁发机关应当撤销该环境许可证:

(1)应许可证持有人的请求;

(2)如果许可证持有人死亡,并且许可证下被许可进行的活动与其相关,或者该许可证持有人的消极法律能力终止而没有法律继受;

(3)如果在授予许可证之日起 2 年内未启动被许可进行的活动;

(4)如果许可证持有人在许可证申请过程中提供明知的虚假信息或者提交伪造文件的证据已经非常明显。

2. 在下列情形下,环境许可证授予机关可以撤销环境许可证:

(1)基于本法第 59 条规定的理由,如果公共利益或者第三方利益无法通过修改许可证得到保护;

(2)如果许可证持有人未能满足许可证或者法律规定的要求,并且撤销该许可证系为重于一切的公共利益所必需,或者许可证持有人已经因违法行为而受到处罚。

3. 在撤销环境许可证时,不适用《行政程序法》第 67 条第 4 款第(2)项的规定。

4. 如果有关许可证的合法性存在重大环境威胁或者重要环境妨碍,或者如果行政机关认为由于撤销许可证仅引发微小影响而无必要组织公开的审裁程序,则撤销环境许可证无须进行公开的审裁程序。

[RT I, 28.06.2016, 2—2016 年 11 月 1 日生效]

第五章[1]　国家的监督管理

［RT I, 04.03.2015, 1—2015 年 3 月 14 日生效］

第 62 条[1]　行使国家监督管理权的机关

1. 环境监察局就对本法第 38 条和第 39 条以及以此为基础所制定的要求的遵守情况行使国家监督管理权。

2. 除第 39 条第 7 款和第 39 条第 3 款外，对依据本法第 38 条和第 39 条所设定的要求的遵守情况，不仅环境监察局可对其进行监督管理，地方当局也可以对其进行监督管理。

［RT I, 04.03.2015, 1—2015 年 3 月 14 日生效］

第 62 条[2]　国家监督管理的特别措施

1. 为行使本法规定的国家监督管理权，环境监察局基于《法律执行法》规定的理由和程序，可以采取该法第 30 条、第 31 条、第 32 条、第 46 条、第 50 条和第 51 条规定的国家监督管理特别措施。

2. 为行使本法规定的国家监督管理权，地方当局基于《法律执行法》规定的理由和依据该法制定的程序，可以采取该法第 30 条、第 31 条、第 46 条、第 50 条和第 51 条中规定的国家监督管理特别措施。

［RT I, 04.03.2015, 1—2015 年 3 月 14 日生效］

第 62 条[3] 国家监督管理的详细内容

1. 在下列情形下,环境监察局进入有标记的不动产时无须不动产占有人或者其他有权人员在场:

(1)为确定或者应对某一严重危险所必须,并且上述人员在场将会导致延迟从而会危及采用该措施的目的的实现的;

(2)进入其不动产的目的是进入另一不动产或者水体。

2. 基于本条第 2 款规定的理由,如果进入不动产之后未进行监督性程序或者针对违法行为的程序,则环境监察局不需要就进入该不动产而事后告知该占有人。

3. 环境监察局可以按照《替代性执行和罚款支付法》中确定的程序,破除阻碍进入岸边或者堤路的构筑物。在替代性执行过程中,为解除构筑物,该环境监察局应事先通知有关地方当局。

4. 为行使监督管理权,即便立法机关禁止进入某一陆地或者水上区域或者在其上移动,环境监察局官员为环境保护的目的,仍可以使用包括越野交通工具或者船只等交通工具在内的交通工具进入该区域或者在其上移动。

[RT I, 04.03.2015, 1—2015 年 3 月 14 日生效]

第 62 条[4] 直接强制措施的使用

基于《法律执行法》规定的理由及其规定的程序,环境监察局有权采取人身强制措施。

[RT I, 04.03.2015, 1—2015 年 3 月 14 日生效]

第 62 条[5] 罚款的费率

在不遵守训令时,按照《替代性执行和罚款支付法》规定的理由和制定的程序,可以对其处以最高达 3200 欧元的罚款。

[RT I, 04.03.2015, 1—2015 年 3 月 14 日生效]

第五章^{2}　法 律 责 任

［RT I, 04.03.2015, 1—2015 年 3 月 14 日生效］

第 62 条^{6}　沿岸或者河堤道路的非法关闭和设置障碍

1. 违法关闭或者阻碍进入沿岸或者河堤道路的罚款，可处以最高达 300 个罚款单位的处罚。

2. 上述同一行为若由法人进行，则最高可以处 3200 欧元的罚款。

［RT I, 04.03.2015, 1—2015 年 3 月 14 日生效］

第 62 条^{7}　程序

针对本法第 62^{6} 条中规定的不法行为，负责启动非诉程序的机关包括环境监察局、农村市政府或者城市政府。

［RT I, 04.03.2015, 1—2015 年 3 月 14 日生效］

第 62 条^{8}　罚款的利息

如果启动非诉程序并且处以罚款的机关是农村市政府或者城市政府，则针对本法第 62^{6} 条规定的不法行为而进行的罚款，应转移到地方当局的预算。

［RT I, 04.03.2015, 1—2015 年 3 月 14 日生效］

第62条[9] 向特定决策信息系统转移信息

1. 在建立环境决策信息系统之前,本法第40条规定的许可证数据和与这些许可证相关联的义务之实施情况的相关数据,由环境部管理的环境注册系统或者其他信息系统保存。

2. 关于向环境决策信息转移信息的时限,将在有关数据的制定法中列明。

[RT I, 25.05.2017, 1—2017年6月4日生效]

第六章　实 施 规 定

第 63 条　本法的生效

本法按照《环境法典总则实施法》规定的时间和程序生效。

[RT I, 08.07.2014, 3—2014 年 8 月 1 日生效]

[1]欧洲议会和欧盟理事会关于公众获得环境信息的指令(2003/4/EC 号指令);欧洲议会和欧盟理事会关于公众参与制定环境相关规划和计划的指令(2003/35/EC 号指令);欧洲议会和欧盟理事会关于特定公共和私人项目环境影响评价的指令(2011/92/EU 号指令);欧洲议会和欧盟理事会关于限制中型发电厂向大气排放特定污染物的指令(EU 2015/2193 号指令)。

[RT I,03.07.2017,5—2017 年 7 月 13 日生效]

法律名称对照表

英文	中文
Government of the Republic Act	《共和国政府法》
Radiation Act	《放射法》
Administrative Procedures Act	《行政程序法》
Response to Memoranda and Requests for Explanation Act	《备忘应对与解释申请法》
Code of Administrative Court Procedure	《行政法院程序法典》
Water Act	《水法》
Fishing Act	《捕鱼法》
Nature Conservation Act	《自然保护法》
Environmental Impact Assessmentand Environmental Management System Act	《环境影响评价和环境管理法》
Law Enforcement Act	《法律执行法》
Public Information Act	《公共信息法》
Substitute Enforcement and Penalty Payment Act	《替代性执行与罚款支付法》
Directive 2003/4/EC of the European Parliament and of the Council on public acess to environmental information and repealing Council Directive 90/313/EEC	《欧洲议会和欧盟理事会关于公众获得环境信息的指令(2003/4/EC号指令)》
Directive 2003/35/EC of the European Parliament and of the Council providing for public participation in respect of the drawing up of certain plans and programmes relating to the environment and amending with regard to public participation and access to justice Council Direcitvs 85/337/EEC and 96/61/EC	《欧洲议会和欧盟理事会关于公众参与制定环境相关规划和计划的指令(2003/35/EC 号指令)》

续表

英文	中文
Directive 2011/92/EU of the European Parliament and of the Council on the assessment of the effects of certain public and private projects on the environment	《欧洲议会和欧盟理事会关于特定公共和私人项目环境影响评价的指令(2011/92/EU 号指令)》
Directive (EU) 2015/2193 of the European Parliament and of the Council on the limitation of emissions of certain pollutants into the air from medium combustion plants	《欧洲议会和欧盟理事会关于限制中型发电厂向大气排放特定污染物的指令(EU 2015/2193 号指令)》

专业术语对照表

英文	中文
A	
articles of association	协会章程
agriculutre Board	农业委员会
access to justice	诉诸司法
B	
building exculsion zone	建筑禁区
bank path	河堤道路
best possible technology	最佳可能技术
C	
city government	城市政府
D	
duty of care	注意义务
direct coercion	直接的强制措施
disclosure of information	信息公开
E	
environmental information	环境信息
environemtal nuisance	环境妨害
environmental damage	环境损害
environmental risk	环境风险
environmental threat	环境威胁
environmental inspectorate	环境监察员

续表

英文	中文
emission limit value	排放限值
environmental impact assessment	环境影响评价
environmental permit	环境许可证
environmental decisions information system	环境决策信息系统
extrajudicial proceedings	非诉讼程序
F	
fine	罚款
G	
genetically modified organisms	基因改性活体
Government Office	政府办公厅
geographical coordinates	地理坐标
I	
integrated environmental permit	综合环境许可证
intra – authority appeal	行政机关内部申诉
installation	设备
J	
joint review	联合审查
L	
legitimate expectations	合法性期待
legislative drafting process	立法起草过程
limit value of the qualityof environment	环境质量限值
M	
Ministry of the Environment	环境部
misdemeanour	不法行为
minutes	会议记录
N	
natural cultural assets	自然文化资产

续表

英文	中文
notification obligation	通知义务
non – governmental environmental oganization	非政府环境组织
O	
open proceeding	公开审裁程序
operator	运营者
P	
pay the state fee	向国家支付费用
permit proceedings	许可证审裁程序
public display	公示
preliminary administrative decision	初步行政决定
partial granting	部分授予
R	
residential building	居民建筑物
right to environment that meets health and well – being needs	满足健康和福利需求的环境权
rate of penalty payment	直接罚款的费率
rural municipality government	农村市政府
revocation of environmental permit	环境许可证的撤销
S	
state supervision	国家的监督管理(权)
shore	沿岸
suspension of environmental permit	环境许可证的暂停
T	
term of validity	有效期
W	
water body	水体